"运动即良药"系列

跳　绳

主编
韩耀刚　刘树军

科学出版社
北　京

内容简介

本书对跳绳运动作简要介绍，包括跳绳的起源、益处、常见赛事等，并阐述如何选择跳绳运动的器材及相关装备等。此外，本书依照跳绳热身操、跳绳技术动作、力量素质练习、整理运动的顺序编写，以符合读者学习、练习跳绳的需求，还为不同水平的跳绳者制定了初级、中级、高级运动方案，并介绍了跳绳后的体能恢复、科学饮食、突发状况处理等，将完整的跳绳运动过程展现给读者。

本书主要面向跳绳爱好者，力求通过通俗易懂的语言文字、清晰的图片，使更多的人了解跳绳运动，并参与到这项运动中来。

图书在版编目（CIP）数据

跳绳 / 韩耀刚，刘树军主编 . —北京：科学出版社，2017.8
（运动即良药系列）
ISBN 978-7-03-054020-1

Ⅰ. ①跳…　Ⅱ. ①韩…　②刘…　Ⅲ. ①跳绳 – 基本知识
Ⅳ. ① G898.1

中国版本图书馆 CIP 数据核字（2017）第 179330 号

责任编辑：朱　灵
责任印制：谭宏宇 / 封面设计：殷　靓

科学出版社 出版
北京东黄城根北街 16 号
邮政编码：100717
http://www.sciencep.com
广东虎彩云印刷有限公司印刷
科学出版社发行　各地新华书店经销
*
2017 年 8 月第　一　版　开本：B5（720 × 1000）
2024 年 11月第 十七 次印刷　印张：5 3/4
字数：95 000

定价：39.00 元

（如有印装质量问题，我社负责调换）

“运动即良药”系列编委会

主　编

陈佩杰

副主编

吴雪萍

编　委

（按姓氏笔画排序）

马古兰丹姆　王　茹　王　艳　王雪强　史芙英

庄　洁　刘　静　吴雪萍　张　洁　张忠新

张晓玲　陆莉萍　陈佩杰　郑丹蘅　黄　卫

韩耀刚　曹蓓娟　董众鸣　谭晓缨　黎涌明

《跳绳》编写组

主　编

韩耀刚　刘树军

副主编

刘东宁　李胜席　王琳芳

编　委

（按姓氏笔画排序）

丁　超　王远飞　王健清　韦冬妹　韦冬玲

李时兴　沈佳丽　张李兵　陆雨晨　杨小凤

钟水军　徐春丹　翁　捷　郭思化　焦佳欣

谢长磊

加强体育锻炼，惠及健康生活

（代序）

进入 21 世纪以来，人们日益关注的健康问题已经上升为国家战略。2016 年 10 月 25 日，中共中央、国务院发布了《“健康中国 2030”规划纲要》（以下简称《纲要》），这是今后 15 年推进健康中国建设的行动纲领，要求把健康融入所有政策，全方位、全周期保障人民健康，大幅提高健康水平。在《纲要》中，共 34 次提到“体育”这一关键词，这是因为体育运动与健康有着息息相关的内在联系。

“生命在于运动”，运动既是一门科学，也是一门艺术，更是一种健康的生活习惯，但并不是每一项运动都适合所有人，不同人群适宜的运动强度、运动时间也有所差异，不适宜的运动、运动不足或过度运动都有可能对健康造成损害。那么，究竟什么运动才适合自己？生了病也可以参加运动吗？

我们常说，“良药苦口利于病”，但并不是所有的疾病都只能咽下这苦不堪言的“良药”才能治愈，也不是咽下这口苦药就能药到病除。其实科学的运动处方也是一剂“良药”，而且还是一剂不用尝“苦”却具有显著效果的“良药”。那么，这“药方”该怎么开？我们自己能开吗？到底如何利用运动这剂“良药”来达到促进健康的目的呢？

要解决这些问题，当务之急是找到“合适的运动素材”，具体来说有两点：一是所选的项目和运动器材适合自己的年龄段；二是所选的运动对防治自己年龄段常见疾病有针对性和防治效果。

目前市面上有关体育锻炼的书籍虽然不少，但真正能够提供“合适的锻炼素材”的书籍仍比较缺乏。上海体育学院拥有许多具有较高科研水平和丰富教学经

验的专家，他们均长期从事运动促进健康方面的研究，经验丰富，硕果累累。此次，学院专家们与科学出版社共同打造了这套“运动即良药”系列。

在编写过程中，我们不断摸索、调整，为青少年、中青年白领、老年人等不同人群分别设计运动方案，也介绍了羽毛球、游泳、广场舞等人们可普遍参与的专项运动；在努力形成统一风格以便读者阅读的同时，也尝试使用新的可视技术为读者提供更加直观的指导。

我们希望通过这套图书，能够更好地发挥运动的功能，为广大读者打开一扇通往健康生活的阳光之门。由于多种因素的制约，本套图书可能还存在有待改进之处，我们希望能够得到大家的鼓励和有益的评论，也欢迎广大读者实践后向我们反馈意见和建议，帮助我们把此项工作做得更好。

陈佩杰

2016 年 10 月

前　言

跳绳是一项古老的游戏，同时又是一项新兴的运动，它简便易行，男女老少皆宜，体质强弱均可，还不受场地限制，器械简单，丰富多彩，适合学校、社区、家庭等各方面来开展，小小的跳绳能跳出身体的健康、跳出家庭的快乐、跳出社会的和谐，是一项很好的体育运动，值得推广。

近年来，我国跳绳运动的发展突飞猛进，日新月异，尤其是花样跳绳广受社会关注。全国跳绳联赛、全国跳绳锦标赛、全国跳绳精英赛、全国农民跳绳大赛、全国绿色运动会跳绳比赛等全国性赛事日渐完善。2010 年上海世界博览会、2012 年南京青年奥运会、2016 年里约奥运会、2016 年杭州 G20 峰会等大型活动频现跳绳运动；全国各大中小学、广场、社区、跳绳俱乐部等的跳绳人群逐年增多；跳绳生产厂家、跳绳演艺公司、跳绳培训公司、跳绳赛事公司等相关企业发展迅速，跳绳产业圈逐步形成。中国跳绳运动发展的路线正逐渐清晰明朗，跳绳迎来了自己的春天。

跳绳的推广，不仅是技术、技能的推广，更是促进人们德智体美全面发展、继承和发扬民族传统体育文化的重要途径。弘扬民族文化，培养民族意识、民族精神和爱国情怀，这是对当代人进行教育极为重要的方面，体育不仅应教给人们锻炼身体的方法，更是一种思想、一种意识、一种精神的传播载体。对所有体育人来说，挖掘民族民间体育项目、保护和利用好中华民族的宝贵文化遗产责无旁贷，这对落实科学发展观，实现经济社会的全面、协调、可持续发展具有重要意义。

上海体育学院体育休闲与艺术学院民间体育教学科研团队，一直致力于民间体育运动项目的挖掘与整理，尤其对于跳绳项目，为上海乃至全国跳绳运动的推广做出了贡献。然而，对一项运动而言，仅有实践还远远不够，必须对其进行理论上的提炼与总结。鉴于此，上海体育学院一批致力于跳绳教育的工作者从实践出发，群策群力，编写了本书。本书的出版，是对民族民间传统体育文化的拾遗及在实践中的经验总结，是对跳绳服务于大众健身的有价值的实践指导，适合于跳绳初学者和爱好者使用。

本书共分为五章，首先介绍了跳绳运动的基本情况，然后介绍了跳绳前的准备、跳绳的技术动作、跳绳后的调整及跳绳突发状况处理等内容。在编写过程中编者特别注重知识的实用性和内容的科学性，力求做到图文并茂、通俗易懂。为了让读者更直观地了解跳绳的具体动作，部分技术动作配备了完整的视频，可以通过扫描二维码，观看规范、正确的动作示范。

在编写本书过程中，上海体育学院院长陈佩杰教授、吴雪萍教授给予了许多具体的指导，付出了很多心血；刘树军、韩耀刚、王琳芳、李胜席、杨小凤、王健清、刘东宁、翁捷、韦冬妹、陆雨晨、丁超、徐春丹、焦佳欣等参与了本书的策划、研讨工作；上海体育院跳绳院队队员陆雨晨、郭思化、张李兵、韦冬妹、韦冬玲、陆家晟、沈佳丽、李文义、李时兴、吴凯文、王小艳、吴丹、应晓明、许嘉伦等为插图作了示范演练，翁捷老师做了视频和照片的拍摄与剪辑工作，在此一并表示衷心的感谢。

由于著者水平有限，书中难免存在疏漏之处，敬请专家、学者和广大读者批评指正。

主 编

目　录

第一章
跳 绳

绳子与人类生活密切相关，早在远古时代，人们就拿它来结绳记事，用它来捆扎收获的农作物、搬运货物，或者驱使牛马等家畜，是人类生活中重要的生产工具之一。现如今，跳绳被欧美专家称赞为“最完美的健身运动”，加拿大心脏协会通过“跳绳强心计划”，向全世界倡导跳绳健身。世界跳绳锦标赛已经成功举办十一届，跳绳运动已经成为全世界普遍选择的健身项目之一。

跳绳起源

跳绳历史悠久，流传广泛，在中国古代、古埃及和古希腊时期，人们用麻绳制作绳索，在这个过程中，人们反复跨越绳索，孩子们感到非常有趣，就用短的绳子模仿，逐渐摸索出一些简单的跳越绳子的动作，并作为一种游戏，这就是跳绳运动的雏形。

跳绳是一项广泛流传于我国民间的体育活动，据史料记载，在南北朝（420 ~ 589 年）时我国就出现了单人跳绳的游戏，《北齐书 · 幼主纪》中便已有“游童戏者好以两手持绳，拂地而却上跳”的童戏。明代称跳绳为“跳白索”，之后，跳绳逐步发展成群众性的杂技。所谓“绳技”，是民间艺人庙会上表演的传统节目。在民国时称为“跳绳”，这一时期，城乡小学上体育课或课外活动，都开展跳绳运动。

17 世纪初，荷兰船队途经中国，荷兰人看到了中国孩子们玩的跳绳游戏，感到非常有趣，船员及其孩子们竞相模仿、学习，于是跳绳随着荷兰船队漂洋过海传播到世界各地。

跳绳至今广为流传，不断演绎和创新，现在的跳绳运动，尤其是花样跳绳，克服了传统跳绳的枯燥乏味，融合了舞蹈、健身操等元素，同时注入了时尚的音乐元素，使之看上去更加富有吸引力。同时，跳绳具有跑步的健身功效、舞蹈的优美姿态、音乐的节奏旋律，是一项非常适合大众健身的运动项目。

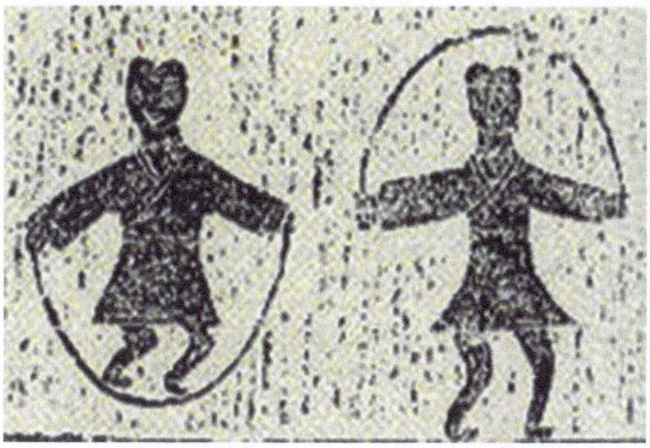

《西汉乐舞百戏车马出行图》之跳绳

1979 年西班牙邮票

跳绳益处

跳绳运动能满足包括少儿、中老年和妇女等不同年龄和群体人员的健身需求。儿童早期教育中可以使用花样跳绳作为练习手段。跳绳能促进儿童的健康发育，确立数字概念、提高记忆能力、促进心灵手巧、培养平衡感和节奏感、确立时间概念和方位知觉，另外，部分绳操及基本跳绳动作还适用于中老年健身。跳绳运动不仅对人体体质健康起到全面促进的作用，并且在健心和社会价值方面也起到积极的作用。

一、跳绳能改善身体形态

跳绳时人体会消耗大量的热量，可以结实全身肌肉，消除臀部和大腿上的多余脂肪，使人的形体不断健美，并能使人的动作敏捷、身体重心稳定。

跳绳塑身

跳绳还能增加骨量、增大骨密度，跳绳的主要动作为原地跳动和双手及手臂的摇动，它能使前臂肌肉得到充分地活动，桡骨、尺骨能受到充分的肌肉牵拉力，从而产生相应的应变，骨量增加明显。另外，跳绳时双脚或单脚落地后，身体自重对下肢骨骼有一定的压力，能刺激骨质成长，从而促进儿童骨骼的成长发育。

二、跳绳能改善身体素质

跳绳虽看似简单，却是一项全身性的运动，不但能增强机体的有氧代谢功能，还可以使力量、速度、灵敏、耐力等各项身体素质全面提高，跳绳对身体素质的影响以协调性和力量方面更为突出。经常参加各种跳绳活动，可以使青少年儿童的身体素质得到全面发展，如快速跳练速度、负重跳练力量、计时跳练耐力、花样跳练灵敏度等。所以目前在各中小学体育教学中，常用跳绳作为辅助练习。国外也是如此，运动员们大多用跳绳来作为发展弹跳力、提高身体素质的一种重要手段。

跳绳健身

三、跳绳能改善身心健康

跳绳对心脏功能有良好的促进作用，它可以让血液获得更多的氧气，使心血管系统保持强壮和健康。跳绳是一项有益的体育锻炼项目，单纯性肥胖症且血脂增高的小儿，通过跳绳可以达到减轻体重、降低血胆固醇、甘油三酯、载脂蛋白 B100 的效果。

跳绳能增强人体心血管、呼吸和神经系统的功能，增进人体器官发育，可以强身健体、开发智力、丰富生活、提高整体素质。跳绳时的全身运动及手握绳对拇指穴位的刺激，会大大增强脑细胞的活力，提高思维和想象力，因此跳绳也是健脑的最佳选择。研究证实，跳绳是全身运动，人体各个器官和肌肉及神经系统同时受到锻炼和发展，所以长期跳绳可以预防如糖尿病、关节炎、肥胖症、骨质疏松、高血压、肌肉萎缩、高血脂、失眠症、抑郁症、更年期综合征等多种病症。

集体跳绳

适度地跳绳可以降低焦虑和抑郁，促进情绪积极，改善心境状态，有利于心理健康。中等强度的有氧跳绳锻炼能显著提高大学生的睡眠质量，能有效地改善大学生焦虑和抑郁症状，提高学习能力和判断力，增强想象力和创造力，培养顽强的意志和奋发向上的精神，强化自我形象等，对大学生的心理健康起到积极的作用。

经常跳绳的绝经期女性，其骨密度较高、骨量较多，心态更积极、心理更健康。其实，跳绳尤其符合女性的生理和运动特点，对哺乳期和绝经期妇女来说，跳绳更是兼有放松情绪的积极作用，因此也有利于女性的心理健康。鉴于跳绳对女性的独特保健作用，法国健身专家莫克专门为女性健身者设计了一种“跳绳渐进计划”。女性初学时，仅在原地跳 1 分钟，3 天后即可连续跳 3 分钟，3 个月后可连续跳上 10 分钟，半年后每天可实行“系列跳”，如每次连跳 3 分钟，共 5 次，直至一次连续跳半小时。一次跳半小时，相当于慢跑 90 分钟的运动量，是标准的有氧健身运动。

四、跳绳的社会价值

跳绳简便易学、灵活有趣、易于推广，为社区体育发展注入活力，它能促进和谐社会中个体的健康发展，协调社会生活感情，有利于营造公平、公正的社会氛围。跳绳运动对建立社会关系的积极作用在国内外得到认同，通过跳绳技艺的沟通和传播，促进和谐人际关系的建立和保持。

全国少数民族运动会跳绳

全国学生运动会跳绳表演

跳绳赛事

一、国际跳绳联盟世界跳绳锦标赛

国际跳绳联盟（International Rope Skipping Federation）于 1996 年成立，总部在加拿大，理事会设在比利时首都布鲁塞尔。这是一个世界性的体育单项组织，现在已有成员国或地区 50 多个，至今该组织已经举办了十一届世界跳绳锦标赛（Rope Skipping World Championships），世界跳绳锦标赛是全世界最大的跳绳赛事，2002 年后每逢双数年都会在国际跳绳联盟的会员国之间巡回举办，届时全世界的跳绳高手都会参赛。世界跳绳锦标赛的比赛项目设置较为全面，包括大师赛、团体赛、表演赛 3 个大项。在国际跳绳联盟世界跳绳锦标赛中，美国、比利时、澳大利亚、中国香港等国家和地区代表队实力最强，中国内地代表队参赛较晚。2010 年第七届世界跳绳锦标赛英国首次参赛，但是水平提升最快，在 2016 年瑞典举办的第十一届世界跳绳锦标赛中中国队异军突起，共取得 5 金 3 银 1 铜的好成绩，7 个项目打破世界纪录。

二、国际跳绳比赛

WJRF（World Jump Rope Federation）于 2014 年在美国成立，WJRF 主要成员为美国知名跳绳者，主要通过赛事、训练营、夏令营、研讨班等形式推广跳绳运动。该协会 2015 年在法国、2016 年在葡萄牙举办了国际跳绳比赛。赛事竞赛项目全面，基本囊括了所有类别的赛事，包括传统的速度赛、花样赛、表演赛，在此基础上增加了车轮跳、交互绳、小型表演赛等竞赛项目。WJRF 推出了“One World One Rope”计划，主要目的是向全世界推广跳绳运动，尤其是非洲地区，如肯尼亚、坦桑尼亚等国家。WJRF 同时还推广了“跳绳推广大使”计划，向全世界招募跳绳推广者，承办赛事、训练营、工作坊、裁判教练员讲习班等。

WORLD JUMP ROPE FEDERATION

三、世界交互绳大赛

世界交互绳大赛（Double Dutch Contest）已成功举办十五届，第一届世界交互绳大赛于 2002 年 3 月在日本横滨举办，只有 11 支队伍参赛。交互大赛发展迅速，在 2016 年日本体育大学举办的世界交互绳大赛总决赛中已经超过 300 支参赛队伍，目前在中国、比利时、法国、印度、韩国、新加坡和美国等国家每年都会定期举办世界交互绳大赛分站赛。世界交互绳大赛场地一般在当地比较知名的剧场或体育馆内举办，有 30 秒交互绳速度和交互绳团体自由式两个竞赛项目。

四、中国跳绳联赛

2007 年在广州举办了第一届全国跳绳公开赛，随后每两年举办一届全国跳绳公开赛，2009 年在四川阆中及 2011 年在四川双流举办了第二届和第三届全国跳绳公开赛；2012 ～ 2014 年开始陆续举办全国跳绳精英赛、全国跳绳锦标赛、全国跳绳挑战赛等赛事；2015 年开始举办中国跳绳联赛，在 2015 ～ 2016 赛季举办了高台站、青岛站、呼和浩特站、太原站、汉源站、桐庐站、哈尔滨站、泰兴站、荔波站 9 个分站赛和广州花都总决赛。

中国跳绳联赛是目前国内最有影响力的全国性赛事，分站赛参赛人数约 500 人，总决赛参赛人数已超过千人。

跳绳趣闻

一、拳王也爱玩跳绳

跳绳作为一项简单易行、效果极佳的体育健身运动被许多明星所喜爱，成龙为北京申奥跳绳跳遍了五大洲；武打明星李小龙把跳绳作为练习截拳道的热身运动；拳击明星泰森和梅威瑟都把跳绳当作专业体能训练的法宝。

拳击被称为“勇敢者的运动”，是戴拳击手套进行的一项格斗运动，跳绳是拳击手众所周知的一项体能训练法宝。凡是练习拳击的人不仅仅练习跑步，还练习跳绳。从表面上看这与拳击没有关系，实际上跳绳既能提高自己的体能，又可以增强身体的协调性和柔韧性。凡是熟悉拳击的人都明白，拳击并非只属于上肢运动，步法也是相当重要的。在拳击擂台上，一个不懂得移动的拳手就像一个人形沙袋。移动可以让拳手进退自如，控制距离，在保障安全的同时也能随心所欲地进攻对手。跳绳可以让拳手移动更加灵活，拳王阿里、梅威瑟等知名拳王也都是跳绳高手，尤其是“蝴蝶步法”的练习更是离不开跳绳的功劳，经常练习跳绳的拳手步法灵活多变，好像掌握了凌波微步一般，在比赛时掌握了很大的主动权。

二、“跳不死”

“跳不死”是指一次性不间断的跳绳次数，是民间跳绳的一种比赛方式。参赛者采用双脚轮换跳的跳法，开始后必须保持同一种跳法，直至出现失误及“死绳”即为结束。北京跳绳高手王守中先生曾经在 1960 年连续不间断跳绳 12 345 次，近年来我国跳绳百花齐放，“跳不死”连续超过 1 万次的跳绳爱好者越来越多，在2014年全国绿色运动会上，来自广州的尚保群在“跳不死”比赛中以连续单摇跳23 483次的好成绩获得第一名。

三、跳绳吉尼斯

1. 最快速度跳绳

2014年，英国女孩Beci Dale，在1分钟的时间里跳绳332次，打破了1分钟跳绳的吉尼斯世界纪录。2016年，中国小学生岑小林30秒跳绳208次，打破了30秒跳绳吉尼斯世界纪录。

2. 最多人同时跳交互绳

2011年10月5日下午5点45分，中央电视台正大综艺播出的《吉尼斯中国之夜》节目中，来自美国Super Skipper跳绳队、中国上海体育学院跳绳队、中国上海跃动花样跳绳队、中国浙江安吉凤凰山小学跳绳队的44人跳绳组合，成功打破2011年7月由中国香港刷新的40人同跳交互绳世界纪录。交互绳是一项最考验队员水平和团队默契的项目，它由两名摇绳手分别手持两根绳子的两头，左右开弓交叉摇绳，对于跳绳的队员则要求每次跳跃的着地时间一致，并需要根据位置调整跳跃的姿势及高度，一旦有任何队员心急或分心都容易失败。

最多人同时跳交互绳

3. 最多人网绳跳

2002年北京王守中和三路居小学的学生创造了“网绳跳”吉尼斯世界纪录，在全场千余名观众的助威声中，150名师生围成一个圆圈，同时摇动75根15米长的跳绳，网心的人连续跳160次不中断。

最多人网绳跳

四、跳绳励志歌

歌谣是民歌、民谣、儿歌、童谣的总称，属于民间文学体裁之一。跳绳歌谣大部分是为儿童编唱的，曲调比较轻快，歌词内容积极向上，主要描述跳绳时的动作及跳绳前后的心理感受。初学者可以边跳边唱，让跳绳者与摇绳者统一节奏，协同配合，更好地完成跳绳动作。

1. 跳绳歌（1）

同学们，起得早，空气清新时光好。
学跳绳，练身体，先动手来后动脚。
单人玩，双臂绕，听到“啪”声快起跳。
上身直，眼望前，手脚并用讲技巧。
多人跳，两人摇，配合默契水平高。
左边进，右边出，自由来往秩序好。
跳花样，要灵巧，一展身手真奇妙。
小猴子，快快快，一个筋斗翻进来。
小蜻蜓，要小心，动作轻巧飞绳外。

2. 跳绳歌（2）

你跳我跳大家跳，一二三，爬上山；四五六，往下溜；七八九，拍皮球；一二三四五六七，大家一起跳出去。

3. 跳绳歌（3）

我荡绳呀，你跳绳呀，就像小鹿蹦呀蹦呀。

单脚跳呀，双脚跳呀，身子一跃多轻松呀。

跳得高呀，跳得巧呀，跳个花样还真行呀。

一人跳呀，两人跳呀，飞起两只小雄鹰呀。

4. 跳绳歌（4）

一根绳，两人摇，小朋友们排队跳。

摇下来，像小船，摇下去，像小桥。

你跳我跳大家跳，好像鱼儿水中闹。

5. 跳绳歌（5）

转呀转呀转呀手中绳，跳呀跳呀跳呀朋友们。

不碰头，不碰脚，一团白光围着人。

跳呀跳呀跳呀不要停，噼噼啪啪多好听。

要花样，要当心，大家一齐向前进。

向前进呀向前进，噼噼啪啪多好听。

俩个俩个抓紧一条绳，彼此合作一条心。

第二章
跳绳前的准备

如何选择一根合适的绳具

一、绳具种类

绳具即为跳绳时使用的器具，跳绳的绳具种类较多，根据不同的分类原则可以分为以下几类：①根据绳子的长短可以分为短绳、中长绳和长绳；②根据绳具的材质可以分为棉绳、塑料绳、珠节绳、钢丝绳等；③根据绳具的功能可以分为计数绳、计时绳、卡路里绳等；④根据绳具的用途可以分为速度绳、花样绳等。

绳具一般由绳柄、绳体及绳柄与绳体之间的连接装置三部分组成。绳柄为人手与绳子的接触器材，是绳具中重要的组成部分，在花样跳绳中具有非常重大的作用，绳柄可以保护使用者手部免受磨损，同时有利于花样动作的完成。绳柄有长短之分，短绳柄一般用于动作较单一，两手打开于腰间及手部位置较为固定的动作，如单摇步法类动作；长绳柄一般用于动作较为复杂的花样动作，特别是手臂有交叉的动作，因为长绳柄延长了手臂长度，无形中缩短了手臂交叉幅度，从而提高动作完成度。某些绳柄还添加了一些特殊装置，如机械计数器、电子计数器、电子计时器、能量测试仪等，从而增加了绳具功能。绳体是绳具的主体部分，决定了绳具的长短及使用效果。绳体的中间位置与地面接触，最好选用耐磨材料制作，且要保持绳体的平滑及重量均匀，一般不可在绳体上打结。绳柄与绳体之间的连接装置也是绳具的重要组成部分，它可以保证力量的有效传递，从而提高绳子的控制能力和绳体运行的完美弧度。

目前国内外绳具种类繁多，外形各式各样，功能各有不同，根据绳具的制作材料可以分为珠节绳、胶绳、钢丝绳、棉绳、智能跳绳、无绳跳绳、LED发光跳绳等。

1. 珠节绳

珠节绳是用多个直径为2.5～3.0毫米的塑料珠节串在一起组成的绳子，也称“拍子绳”，优点是珠节绳外观绚丽，轻重适中，手感舒适，不容易卷曲，能胜任个人花样、车轮跳、交互绳等各类花样。绳子打地及珠节空隙与空气摩擦会产生声音，表演效果较好，是新手入门的最佳选择。

2. 胶绳

胶绳是用含有聚氯乙烯（PVC）或热塑性聚氨酯弹性体橡胶（TPU）成分的塑料制成的，直径一般为3.0～5.0毫米。其优点是绳子价格便宜，重量较轻，速度及花样都可胜任；缺点是当绳子速度较快时，绳体会变形拉长，并且容易卷曲，特别是天气较冷时，塑料绳容易变硬折断。

3. 钢丝绳

钢丝绳是专门用来跳速度的，里面是很多根缠在一起直径为0.6～0.8毫米的细钢丝，外面是一层很薄的塑料，可防止训练失误时抽伤身体，但正式比赛时要把外面塑料刮掉。钢丝绳的优点是绳柄上有一个特制的转轴，转动非常灵活，速度快，重量轻，世界跳绳速度类项目比赛中，大多数选手都会选用钢丝绳；缺点是不太适合用于花样动作等练习。

珠节绳

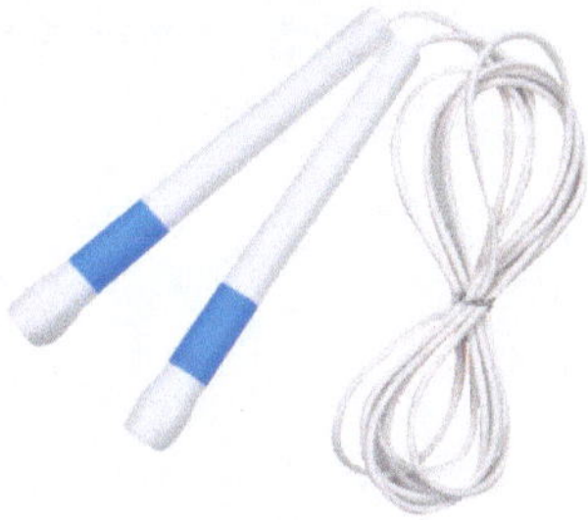

胶绳

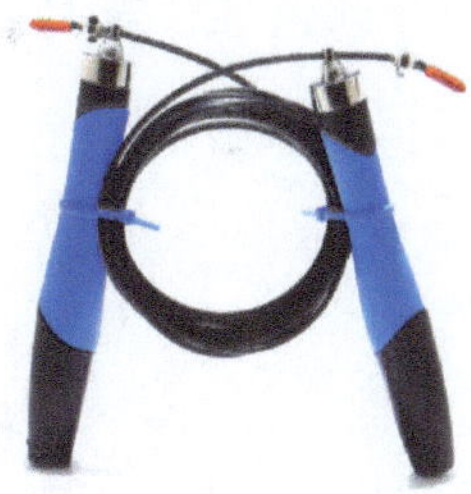

钢丝绳

4. 棉绳

棉绳是使用最早的绳具，它取材简便，价格便宜，外形普通，一般无绳柄，适合跳长绳及交互绳花样。但用棉绳练习速度跳时较为笨重，容易卷曲，较易磨损，阻力较大。

5. 智能跳绳

智能跳绳是一类连接有计数装置，且能与手机等智能终端连接的一类跳绳器材，比较适合于白领健身人士。其优点为外观漂亮、科技感强、数据可以云存储等，但是价格较为昂贵。

棉绳

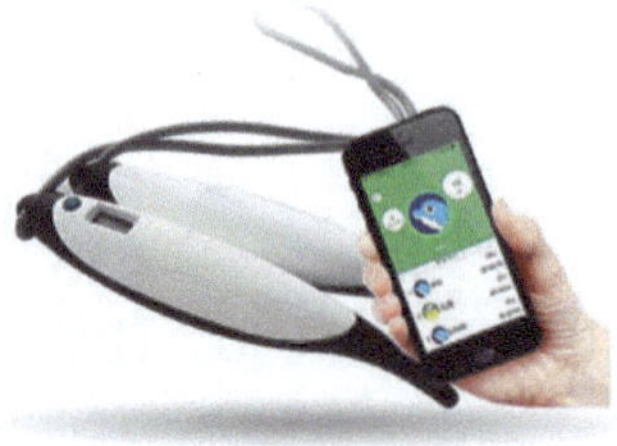

智能跳绳

6. 无绳跳绳

无绳跳绳，只有两个绳柄及两段没有连接在一起的短绳，短绳顶端可以挂上不同重量的圆球，适合于空间、高度不够的室内练习，防止绳子缠住其他物体；练习者也可以通过无绳跳绳重点练习手臂摇绳动作。

7. LED 发光跳绳

LED 发光跳绳一般在绳柄处装有两节 3 伏电池，约 190 克，绳体内芯为铜丝包裹二层绝缘 TPU，绳长 280 厘米，手柄长 14.5 厘米，绳体内有 LED 灯，打开开关，绳体发亮，适合舞台表演或者晚上健身使用。

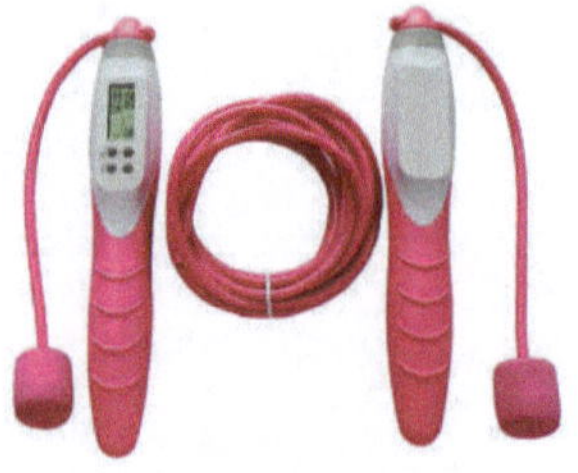

无绳跳绳

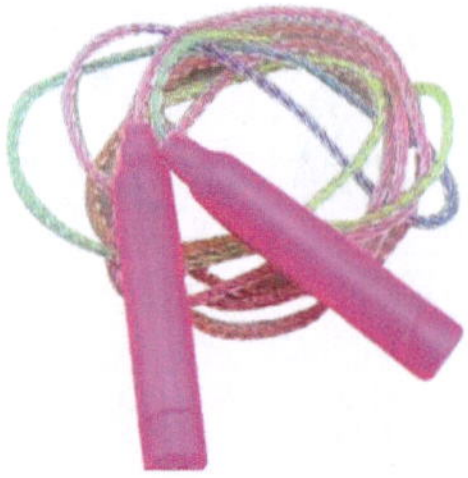

LED 发光跳绳

二、调节绳子的长度

一般在市场上买到的个人跳绳长度为 2.4 ～ 2.8 米，交互绳有 3.6 米、4.2 米、5.0 米等不同长度类型，长绳有 7 米、8 米、12 米、15 米、20 米等不同长度类型。

对于跳绳者来说，合适的绳长是非常重要的。例如，短绳中，合适的绳长可以让手臂放于正确的位置，达到“力量节省化”，从而跳起来更加舒适、轻松。

初学者短绳长度可以用以下方法确定。

（1）以两脚并拢踩在绳子中间，两腿伸直。

（2）两手握绳拉直，绳柄于胸部最合适。

但这一长度还要根据所跳花样及不同技术阶段来调节，如花样绳一般比速度绳稍长；随着你动作熟练程度及跳绳水平的不断提高，你可以选用稍短一点的绳子，这样你就可以跳得更快或跳出更难的花样动作。

调节绳长

跳绳场地、服装、音乐的选择

一、跳绳场地的选择

一般健身跳绳对场地要求不高，只要有一块甩开绳子、地面平坦的空地，就可进行跳绳，但是要练习难度较高、强度较大的跳绳动作，最好选择塑胶或木质地板等地面有弹性的场地，这样可以减少运动损伤。地面较硬的水泥地不适宜长时间跳绳，尤其是老人及小孩。跳绳者可以选择使用跳绳垫（如瑜伽垫）或简易跳绳台，来保护身体和室内地板免受损害。

跳绳垫的大小根据所练习动作而定，幅度较小的动作可以选择面积较小的跳绳垫，如基本单摇跳步法动作，可以使用 1.2 米 ×2.0 米的跳绳垫；幅度较大的动作可以选用面积较大的跳绳垫，如俯卧撑花样，可以使用 3.0 米 ×3.0 米的跳绳垫。

跳绳垫

场地小、人数多时，注意不要让所摇的绳子打到周围的人。摇长绳时，还应注意防止绳子触及高空的电线或树枝。

二、跳绳服装的选择

(1) 跳绳时最好穿一些轻便舒适、透气性较好的运动服装；跳绳动作灵活多变，服装不能太过宽松。

跳绳服装

(2) 初学者可以穿长裤及长袖服装，避免动作失误时绳子直接打到自己的皮肤。

(3) 跳绳时最好穿软底、弹性较好的运动鞋，可以更好地保护身体免受损伤，尽量选用鞋底纹路设计较好的鞋子，以免经常挂绳。

(4) 头发过长时易缠到绳子，宜将头发扎起来。

(5) 女士练习跳绳时最好穿适合运动的内衣。

三、跳绳音乐的选择

如果你喜欢听音乐跳绳，建议你选用一些节奏感较强的音乐，如现代舞音乐、摇滚乐、街舞音乐或健美操音乐。不管你选择哪种音乐，能跟着音乐的节拍跳绳才是最重要的，跳绳是一项节奏感很强的运动，音乐可以使跳绳更具有韵律性和艺术性。

(1) 初学者，可以选用每分钟 100 ~ 120 拍的音乐。

(2) 中等水平的跳绳者，可以选用每分钟 120 ~ 140 拍的音乐。

(3) 高水平跳绳者可以选用每分钟 140 ~ 160 拍的音乐。

如果你足够优秀，也可以选用每分钟 160 ~ 180 拍的音乐。

不同阶段的跳绳者最好选用能随之跳跃的音乐，既不能过快也不能过慢，音乐速度要适中，能让你跟随音乐“与绳共舞”为佳。

四、呼吸要求

呼吸对跳绳的健身效果及技术的掌握是非常重要的，但是对呼吸的要求是最容易被人忽略的。跳绳时注意动作与呼吸的配合，保持呼吸通畅，不可憋气，也不可长时间大口喘气，憋气会因呼吸不畅而导致缺氧，大口喘气也会使身体水分过快流失。

良好的跳绳节奏会有助于呼吸的调节，跳绳时要尽量让动作配合呼吸，保持呼吸均匀通畅。不要紧张，因为紧张会引起心跳过快，进而导致呼吸节奏紊乱，影响练习效果。长时间或大强度跳绳后不要马上停下来，更不可马上躺下或坐下。跳绳后，人体所有肌肉都得到活动，应使身体慢慢放松下来，可以选择放松走动，等心率恢复后可做一些肌肉拉伸动作。

安全注意事项

对于任何运动来说，安全都是最重要的，跳绳运动需要注意的安全事项如下。

（1）国际跳绳联盟建议 7 岁以上、70 岁以下的人群适合参加跳绳运动，初学者在进行运动前应先进行体质测试，以确定是否适合此项运动，特别是老人、小孩、有伤或有病史的初学者。

（2）跳绳前要做好充分的准备活动，尤其是相关的部位，如肩膀、手臂、手腕、脚踝，避免扭伤、挫伤。准备活动不充分，动作僵硬、不协调，易造成损伤。开始跳绳后，速度由慢到快、循序渐进。

（3）多人跳绳时需要留意人与人之间的距离，以免被他人的绳子打伤。

（4）不能穿高跟鞋或拖鞋。跳绳者应穿质地软、重量轻的高帮鞋，避免脚踝受伤；口袋里不要带有尖锐的物品。

（5）跳绳时不宜脚后跟着地。起跳和落地是前脚掌的“任务”，因为脚后跟着地，时间长了会产生很多隐患，如大脑、脚踝和脊柱都有可能受到不同程度的损伤。同时，膝盖应微微弯曲，以缓和膝盖、脚踝与地面接触时的冲撞。

（6）选择软硬适中的草坪、木质地板和泥土地的场地较好，勿在硬性水泥地上跳绳，以免损伤关节，并易引起头昏。地面一定要平坦，最好铺上地毯或软垫。不宜在松动的土地上练习，否则，绳子摩擦地面会扬起很多尘土，污染呼吸道，对眼睛也不好。跳绳的时间一般不受限制，但是勿在饭前和饭后半小时之内进行。

（7）胖人和中年妇女宜采用双脚同时起落的方式跳绳。跳起高度不要太高，以免关节因负重过大而受伤。

第三章

跳绳小课堂

跳绳小课堂的主要内容包括跳绳热身操、个人跳绳、双人跳绳、多人跳绳、身体素质练习、整理运动等。按照学习跳绳先易后难的顺序，从热身到简单的个人跳绳，再到配合性的双人跳绳及团体游戏性的多人跳绳，跳绳结束后可以配合进行相关的身体素质练习，最后进行整理运动。这些内容给练习者提供参考，有助于更好地掌握这门运动。

跳绳热身操

一、预备姿势

【节拍】1 个 8 拍。

【动作说明】身体面向正前方，双脚并拢，两手握绳放于腹前，身体挺直站立。

二、原地踏步

【节拍】1 个 8 拍。

【动作说明】身体面向正前方，双脚原地踏步，两手握绳，手臂伸直自然放于腹前，身体挺直站立。

三、红旗飘飘

【节拍】1 个 8 拍。

预备姿势

原地踏步

红旗飘飘

【动作说明】身体面向正前方，第1～2拍，双脚左右脚踏步，手臂前平举，高度与胸部齐平；第3～4拍，双脚左右脚踏步，双手上举；第5～6拍，双脚左右踏步，右手侧平举，左手臂屈肘平放于胸前；第7～8拍，双脚左右脚踏步，两手握绳，手臂伸直还原于腹前，身体挺直站立。第5～6拍侧平举动作可左右轮换练习。

四、招财进宝

【节拍】1 个 8 拍。

【动作说明】身体面向正前方，第 1 拍，右脚向右迈出，两手握绳手臂弯举于胸前；第 2 拍，左脚向右并步点地，手臂放于腹前；第 3 拍，左脚向左迈出两手握绳手臂弯举于胸前；第 4 拍，右脚向左并步点地，手臂放于腹前；第 5 ～ 8 拍动作同第 1 ～ 4 拍的动作。

招财进宝

五、风摆荷叶

【节拍】1 个 8 拍。

【动作说明】身体面向正前方，第 1 拍，右脚向右侧迈出，手臂向左侧摆动；第 2 拍，左脚后插步，手臂经左向上摆动；第 3 拍，右脚向右迈出，手臂由上

风摆荷叶

向右下摆动；第4拍，双脚起跳，手臂放于腹前；第5～8拍动作同第1～4拍，方向相反。

六、前仆后继

【节拍】1个8拍。

【动作说明】身体面向正前方，双手持绳弯举于胸前，第1拍，右膝提膝；第2拍，右脚落地并步跳；第3拍，右腿踢腿；第4拍，右脚落地并步跳；第5～8拍同第1～4拍，换另一只腿完成。

前仆后继

七、万马奔腾

【节拍】1个8拍。

【动作说明】身体面向正前方，脚步做小马跳，手臂双手持绳，胸前旋转。

万马奔腾

第 1 ～ 2 拍，脚步右侧小马跳，双手持绳顺时针方向旋转，左手在上右手在下；第 3 ～ 4 拍，脚步左侧小马跳，双手持绳逆时针方向旋转，右手在上左手在下；第 5 ～ 8 拍动作同第 1 ～ 4 拍。

八、逆水行舟

【节拍】1 个 8 拍。

【动作说明】身体面向正前方，脚步做弹踢腿（左右两边对称），手臂于身体两侧做“划船”动作。第 1 ～ 2 拍，右腿弹踢跳，双手持绳在身体右侧，由前向下向后向上运行，模拟“划船”动作；第 3 ～ 4 拍：左侧弹踢跳，双手持绳在身体左侧，由前向下向后向上运行，模拟“划船”动作；第 5 ～ 8 拍动作同第 1 ～ 4 拍。

逆水行舟

九、力拔山河

【节拍】1 个 8 拍。

【动作说明】转身半马步跳（左右两边对称）。第 1 ～ 2 拍，身体左转，两腿跳跃开立成半马步，手臂弯举；第 3 ～ 4 拍，保持半马步姿势，手臂前推，与同伴击掌；第 5 ～ 6 拍，身体右转，跳转回半马步姿势，手臂弯举；第 7 ～ 8 拍，原地站立，手臂放于腹前。

力拔山河

个人跳绳

个人跳绳指跳绳者运用个人绳，按照跳绳运动的基本规律，合理运用身体姿势的变化或人绳之间的配合，做出的各种各样的跳绳动作。

（1）预备动作：并脚站立，两膝关节并拢，两脚踝稍微错开；两手握绳柄，将绳置于身后，绳的中央位于脚踝处；上臂贴紧身体两侧，前臂自然弯曲，前臂与上臂形成约 120° 夹角。

（2）基本摇绳方法：两手握绳，两臂自然屈肘，以肘关节为轴，用两前臂和手腕协调用力，由后向前摇动绳子。熟练后可仅用手腕用力。

（3）基本跳跃方法：双脚跳起落地时，一定要用前脚掌着地，压地后自然弹起。切勿用脚后跟着地，避免冲击力直接传至大脑。

一、基本跳

两手握住绳子两端绳柄，绳置于身后，由前向后摇动绳子，当绳子摇至脚前瞬间，并脚跳过绳子。

【动作说明】

（1）脚：并脚站立，两脚前后稍微错开，易于身体平衡；前脚掌压地后自然弹起。

（2）腿部：膝关节微屈，缓冲落地后的反冲力，保护脚踝和大脑。

（3）上体：上体自然放松，挺直但不僵硬。

（4）手臂：两大臂夹紧，摇绳时用手腕协同前臂发力。

（5）呼吸：均匀自然，有节奏。

（6）两眼直视前方约 5 米处。

（7）初学者可以先原地徒手模仿整个动作过程，然后尝试两手各握一根短绳跳空绳练习，最后过渡到持绳基本跳练习。

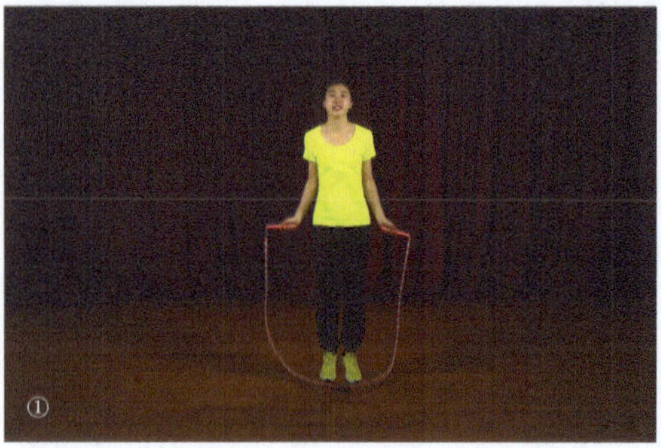

基本跳

二、双脚轮换跳

在基本摇绳姿势的前提下，两脚做依次交替抬起、落地的轮换动作，即踏步跳。理论上，双脚轮换跳是单摇类跳绳中速度较快的一种跳法，因此世界跳绳比赛规则中规定 30 秒速度单摇跳、3 分钟耐力单摇跳等单摇跳速度比赛中必须使用双脚轮换跳。

【动作说明】

（1）在手臂和上体保持基本跳绳动作的前提下，身体重心在两脚之间，保持稳定，一般稍低。

（2）腿部直起直落，不可有后踢、前伸或者“扒地”等多余动作。

（3）初学者首先不拿绳，做高抬腿动作，体会腿部发力点。

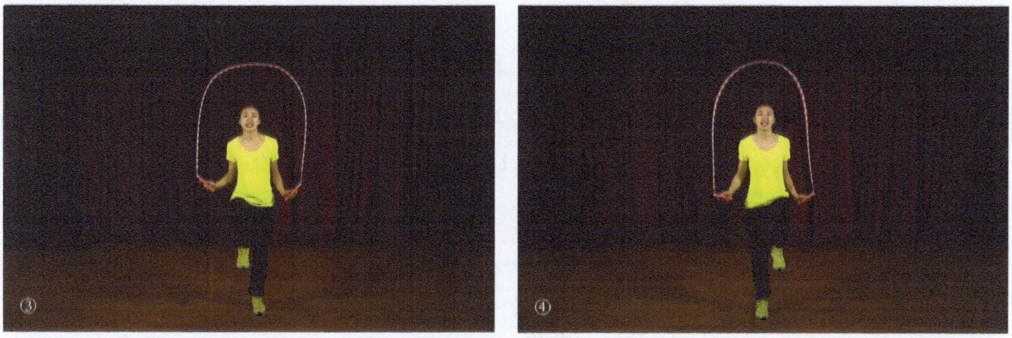

双脚轮换跳

（4）适当降低抬腿高度，增加踏步频率练习，待腿部动作固定后，可拿绳练习。

三、开合跳

在保持基本摇绳姿势的前提下，绳子过脚的同时，两脚在空中左右分开落地为开，反之为合，开合连续交替跳动即为开合跳。

【动作说明】

（1）手臂保持基本摇绳姿势，控制步法节奏。

（2）脚步左右打开时与肩同宽，合并时两脚并拢。

（3）由合到开时绳子先过脚再打开，由开到合时先合并两脚再过绳。

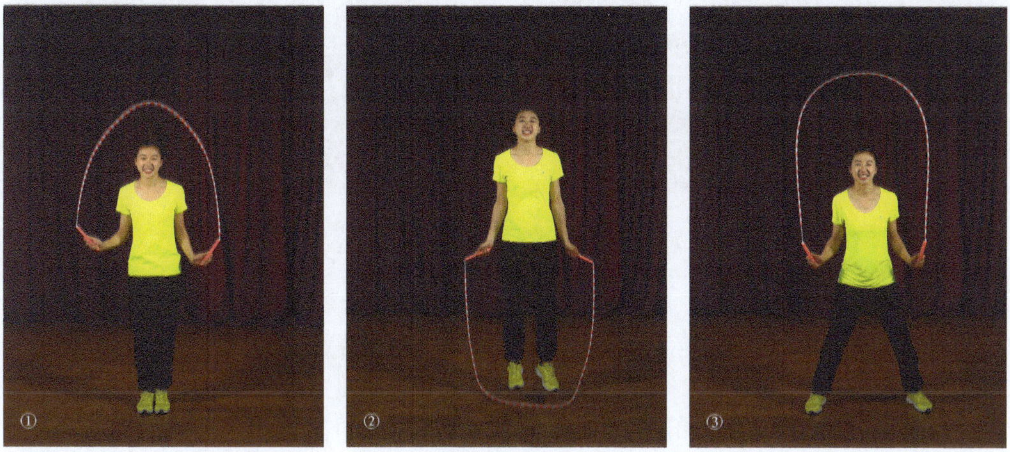

开合跳

四、剪刀跳

在保持基本摇绳姿势的前提下，摇绳过脚后两脚在空中前后分开，落地后成弓步姿势，下一次跳跃落地可两脚并拢，也可连续左右弓步交替练习。

【动作说明】

（1）手臂保持基本摇绳姿势，上身保持直立。

（2）落地时两脚分开成前后弓步动作，间距约两脚半。

（3）动作转换时，两脚跳起在空中并拢，落地时再成弓步动作。

（4）初学者可以在地面上画（假想）间距 20 厘米的两根线，两脚跳跃落地时分别在线两侧，同时控制自己身体摆动幅度。

剪刀跳

五、铃跳

在保持基本摇绳姿势的前提下，摇绳过脚后两脚在空中向正前方并脚落地为前，反之为后，前后连续交替跳动即为前后跳。前后跳连贯练习时如摆动的铃，因此称为“铃跳”。练习 3 ~ 5 组，每组练习 4 个 8 拍。

【动作说明】

（1）手臂保持基本摇绳姿势，上身保持在原垂直面，两脚前后跳动。

（2）前后落地位置距起始位置约一只脚的长度的距离。

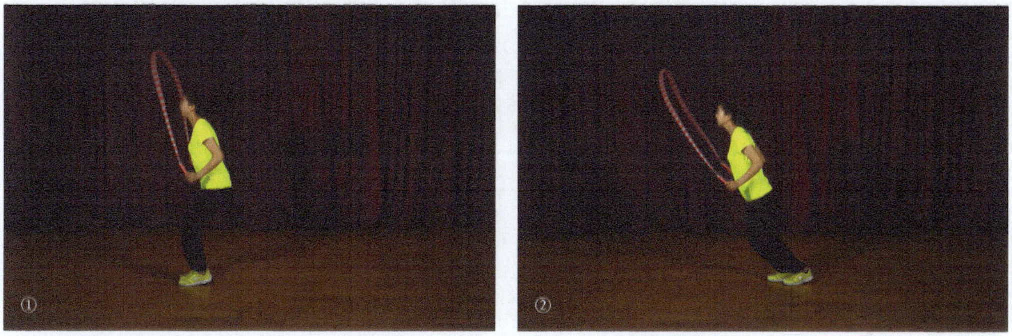

铃跳

六、滑雪跳

在保持基本摇绳姿势的前提下，摇绳过脚后两脚在空中向左方并脚落地为左，反之为右，左右连续交替跳动即为左右跳。左右跳连贯练习时如滑雪动作，因此称为“滑雪跳”。

【动作说明】

（1）手臂保持基本摇绳姿势，上体保持在垂直方向，脚步左右跳动。

（2）左右落地位置距起始位置约一只脚长度的距离。

（3）把握滑雪跳两脚的落地位置；控制跳跃的节奏，保持动作稳定性。

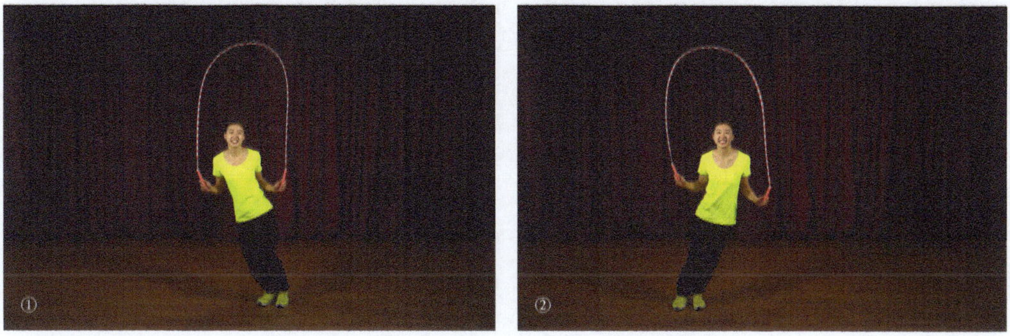

滑雪跳

七、脚跟跳

在保持基本摇绳姿势的前提下，摇绳过脚后一脚直接落地，另一脚向前伸出，脚跟着地，再次跳跃过绳后，两脚并拢，两脚交替进行练习。

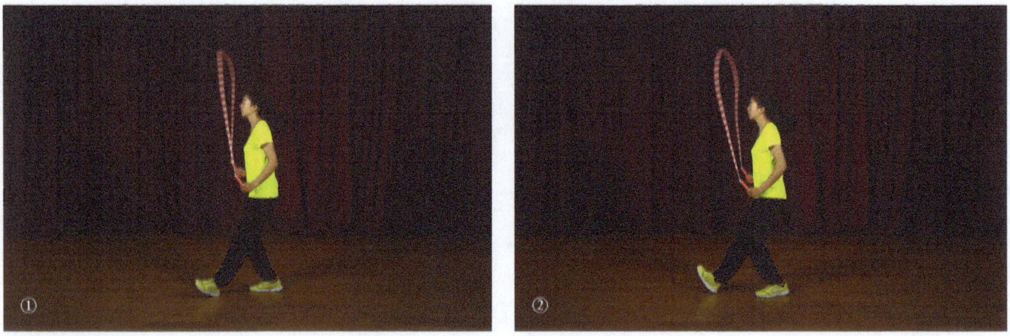

脚跟跳

八、提膝跳

在保持基本摇绳姿势的前提下，摇绳过脚同时一腿做提膝动作，支撑腿跳起后伸直，再次跳跃过绳后，两脚并步落地，两脚交替进行练习。

提膝跳

【动作说明】

（1）手臂保持基本摇绳姿势，上体保持直立。

（2）提膝时腿脚面绷紧，重心在支撑腿。

（3）大腿抬平，上身与大腿、大腿与小腿分别成 90°。

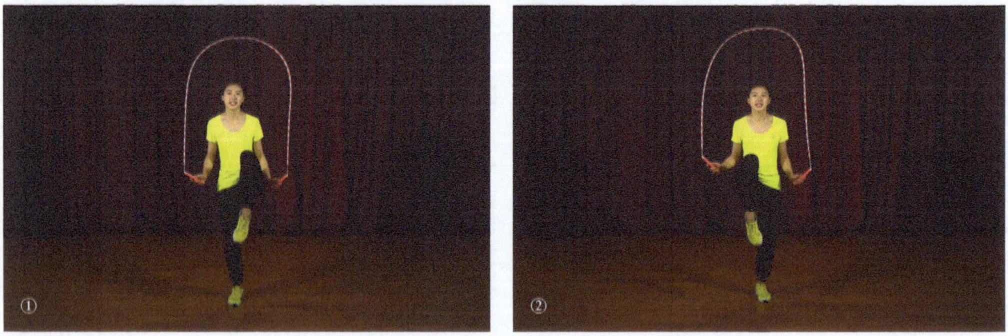

提膝跳

(4) 跳起后提膝瞬间要把握好重心。

(5) 提膝和下落都要过绳。

(6) 控制跳跃的节奏，保持动作稳定性。

九、侧摆跳

由基本姿势开始，绳子置于身后，由后向前摇动绳子，当绳子摇至头顶后，双手并向右侧，在右侧做一次侧摆绳动作，紧接着双手摆绳经头顶至身体左侧，做一次逆式侧摆绳动作，然后两手摆绳至头顶，做一次单直摇动作，练习 3 ~ 5 组，每组练习 4 个 8 拍。

侧摆跳

侧摆跳

十、前转后

从前摇绳基本跳开始，两手握住绳子两端绳柄，绳置于身后，由前向后摇动绳子，当绳子运行至头顶时，一手从身前并向另一侧手，两手绳子从一侧身体打地并顺势转身 180°，然后两手打开，绳子经头顶向后通过脚底，成后摇跳动作。

前转后

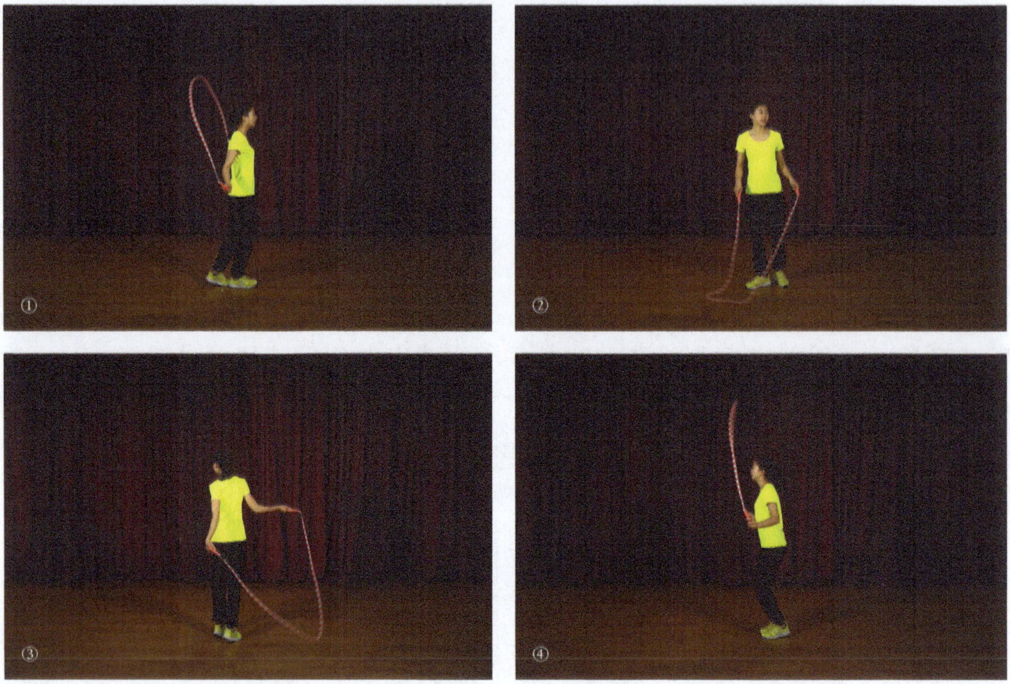

前转后

十一、前后打

双脚开立，与肩同宽，双手握绳柄从右向左荡绳至左脚斜前方45°时双手往身体右斜后方摇绳，绳子经头顶到达身后，绳子在背后打地同时转动身体，绳子从右往左荡绳，荡至左脚斜后方，双手向身体右斜前方摇绳，完成一次向右前后打绳过程。另一侧的动作方法相同，方向相反。

前后打

【动作说明】

（1）两个过绳：左侧（右侧）斜前方45°从头顶过绳；左侧（右侧）斜后方45°过绳。掌握两个过绳角度，可使绳子顺利过绳。

（2）打地与转身的配合：绳子打地后顺势转身，让绳子贴地面运行，保持绳子饱满的弧度。

（3）手腕与腰部的配合：整个过程中靠手腕发力摆动绳子，腰部的协调配合可使绳子运行顺畅。

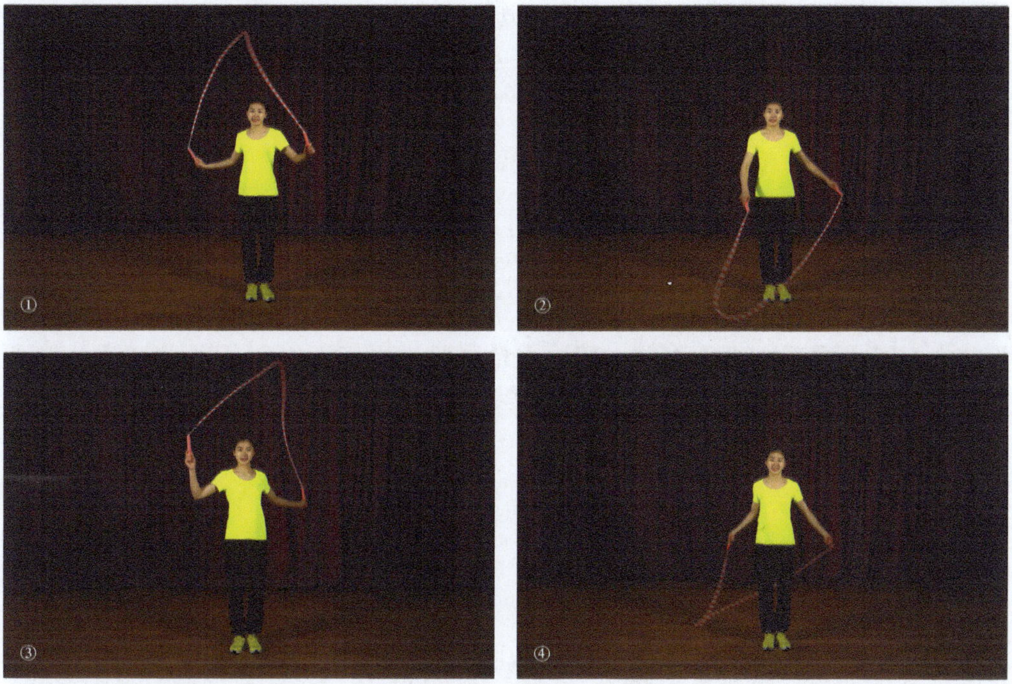

前后打

十二、敬礼打

两手握住绳子两端绳柄，绳置于身后，由前向后摇动绳子，当绳子摇至头顶上方时，两手同时向左侧（右侧）摆动，绳子在左侧（右侧）打地同时，左手（右手）内旋 90° 后背于身后，绳柄朝右（左）；

敬礼打

敬礼打

右手（左）贴于腹前，绳柄朝左侧（右侧）；两手分别贴于身体腹前、背后；绳子顺势在身体右侧（左侧）空打地，右手（左手）顺势回到原位。两侧可交替重复练习。

十三、交叉跳

双手握住绳子两端绳柄，绳子置于身后，由前向后摇动绳子，当绳子摇至头前上方时，双手交叉于腹前，双脚或单脚跳过绳子，绳子通过脚下后立即打开，做一个直摇动作，直摇与交叉间隔练习。

【动作说明】

（1）两个“贴”：两手腕交叉贴紧，相互依托；两手腕紧贴腹部。

（2）不要抬高手臂或往前伸。

（3）前摇交叉跳学会后，可以尝试后摇交叉跳。

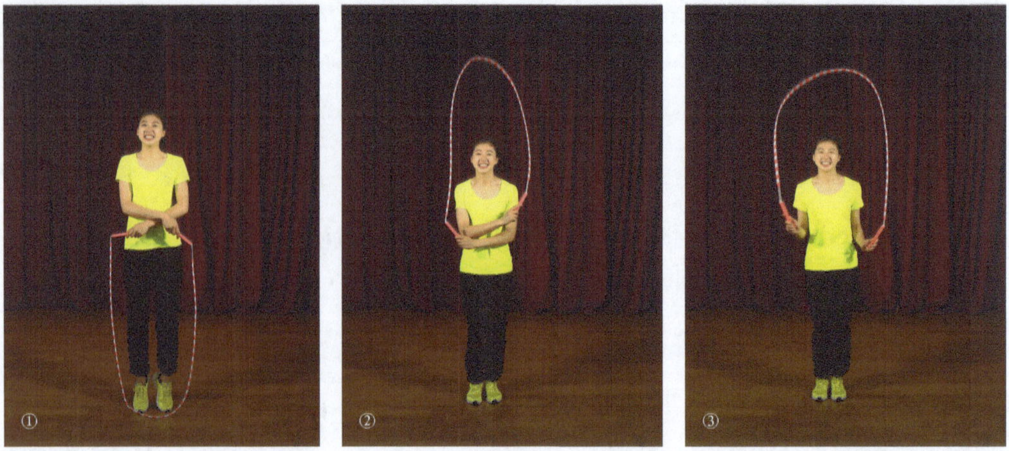

交叉跳

十四、敬礼跳

双手握住绳子两端绳柄，绳子置于身后，由前向后摇动绳子，当绳子摇至头顶上方时，双手同时向左侧（右侧）摆动，绳子在左侧（右侧）打地同时，左手（右手）内旋 90° 后背于身后，绳柄朝右（左）；右手（左）贴于腹前，绳柄朝左侧（右侧）；双手分别贴于身体腹前、

敬礼跳

背后，同时向前摇动绳子，双脚或单脚跳过绳子，可连续跳跃。因跳跃时身体像“敬礼”姿势，因此称敬礼跳。

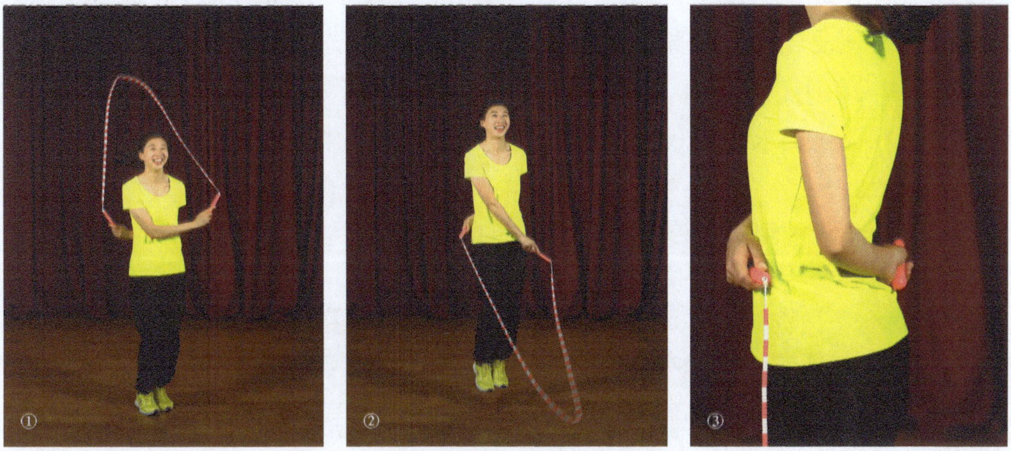

敬礼跳

十五、胯下跳

双手握住绳子两端绳柄，绳子置于身后，由前向后摇动绳子，当绳子经头顶摇至体前，一只脚抬起，与抬起脚同侧的手臂伸至抬起腿膝下，绳柄朝外，单脚跳过绳子，另一侧动作相同，方向相反。

胯下跳

胯下跳

十六、双摇跳

双手握住绳子两端绳柄，绳子置于身后，由前向后摇动绳子，跳起一次，绳子跃过头顶通过脚下绕身体两周（720°），两周都为直摇。

【动作说明】

（1）双摇跳要求力量较大，特别是前臂与手腕，摇绳的时候要求快速，幅度不要太大。

（2）起跳与摇绳的节奏要掌握好。

双摇跳

十七、快花

双手握住绳子两端绳柄，绳子置于身后，由前向后摇动绳子，跳起一次，绳子过脚两周，第一周直摇过脚，第二周前交叉过脚。

快花

【动作说明】

（1）起跳的同时就要加快手臂动作，第一次直摇过尽量加速，为后面交叉跳节省时间。

（2）起跳后，可尝试尽力提膝收腿，手部要求同交叉跳。

（3）手腕交叉幅度不要太大，交叉宽度稍微超出髋关节，能顺利过绳即可。

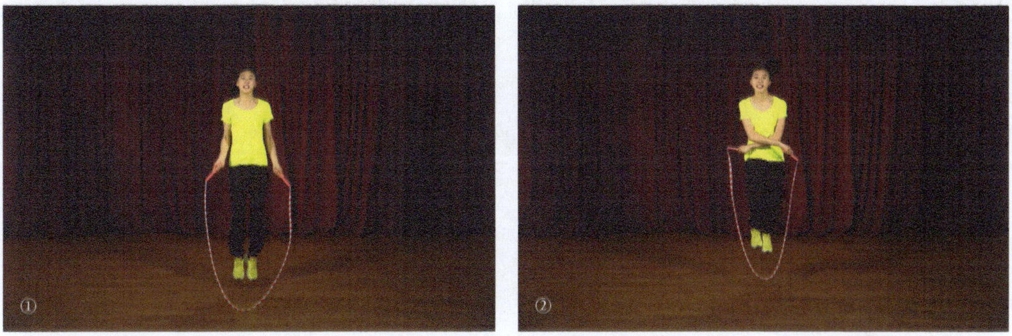

快花

十八、钓鱼

以右手握绳柄为例：右手握一绳柄，另一绳柄放于身体前方地面，绳体拉直；右手上提，带动另一手柄，使绳柄运行至前方空中，左手接住空中运行的绳柄；接绳后可以连接前摇跳或后摇跳。

钓鱼

【动作说明】

（1）抛绳时要顺着绳子运动的趋势，掌握好力度，抛绳距离应刚好可以拉直绳体。

（2）接绳时用前臂带动手腕发力抖动，尽量让空中绳柄运行至眼睛前方 20 ～ 30 厘米处接绳。

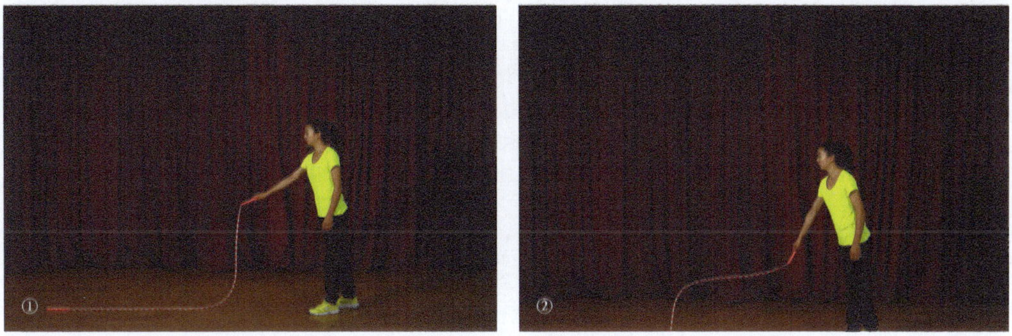

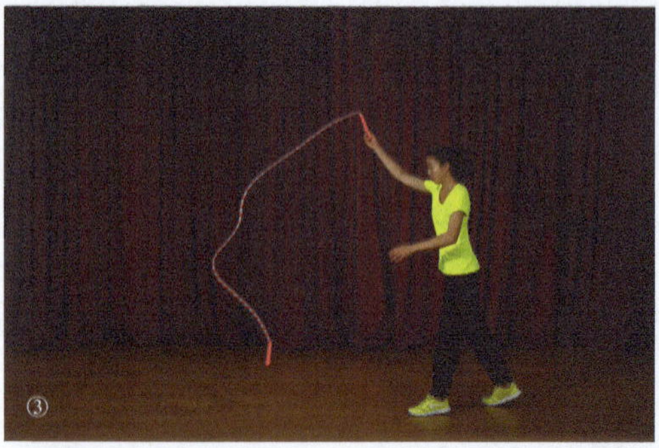

钓鱼

双人跳绳

在跳绳运动中，两人以任何方式协同跳一根或多根绳子的动作，称为双人跳绳，包括两人一绳（朋友跳）动作及两人两绳（车轮跳）动作。双人跳绳动作多样，极具娱乐性和互动性，特别适合家庭、同事、同学、朋友等跳绳爱好者练习。

一、带人跳

带人者持绳，两人协调配合，绳子同时过两人身体即为完成一个动作。两人可面对面站立，也可同向站立，跳绳者可位于带跳者身体前方或身体后方，可同跳单摇跳或双摇跳；节奏一致，相互配合。

带人跳

带人跳

二、同摇跳

两人并排站立，各握绳子一端把柄，同时摇动，依次轮流跳绳的动作，称为同摇轮流跳；两人并排站立各握一绳柄，同时进入绳中跳跃摇动绳子绕体一周，跳跃过绳，称为同摇同跳。

同摇跳

【动作说明】

（1）跳绳者注意进绳时机，最好的时机为绳子打地时。

（2）配合者注意给跳绳者“送绳”到位，手臂做侧摆绳动作。

（3）摇绳不仅要用力均匀，还要统一节奏，配合默契。

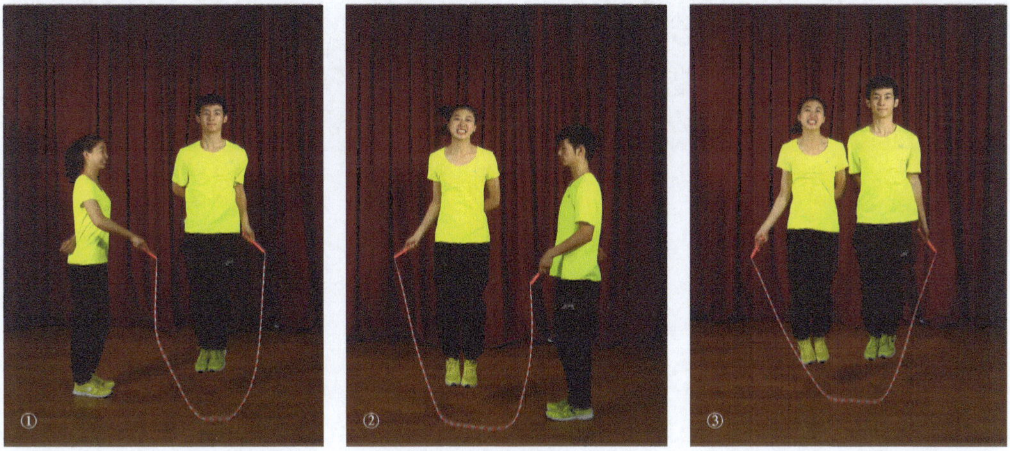

同摇跳

三、换位跳

两人并排站立，各握一绳柄，完成此动作绳子需绕体三周。第一周两人共同跳跃，第二周两人前后重叠跳跃，第三周两人向对侧换位移动，绳子在两人中间空打地一次，完成一次换位动作。

换位跳

【动作说明】

（1）两人事先商定重叠位置，分清前后。

（2）重叠跳时两人手臂放于髋关节外侧，换位后同时换手柄。

换位跳

四、钻洞

一人持绳带另一人原地单摇跳（两弹一跳节奏）。两人面对面跳跃，钻洞者一边跳绳，一边从摇绳者体侧腋下钻过至摇绳者体后。然后钻洞者继续跳跃从摇绳者另一侧腋下钻过至摇绳者身体前方，可重复钻洞练习。

钻洞

【动作说明】

(1) 一般持绳者选择稍长一点的绳子，持绳者身高高于钻洞者更容易完成动作。

(2) 持绳者跳绳时两臂张开，动作幅度越大越好。

(3) 钻洞者两手轻抚持绳者腰部，尽量靠近持绳者，钻洞时尽量低头弯腰。

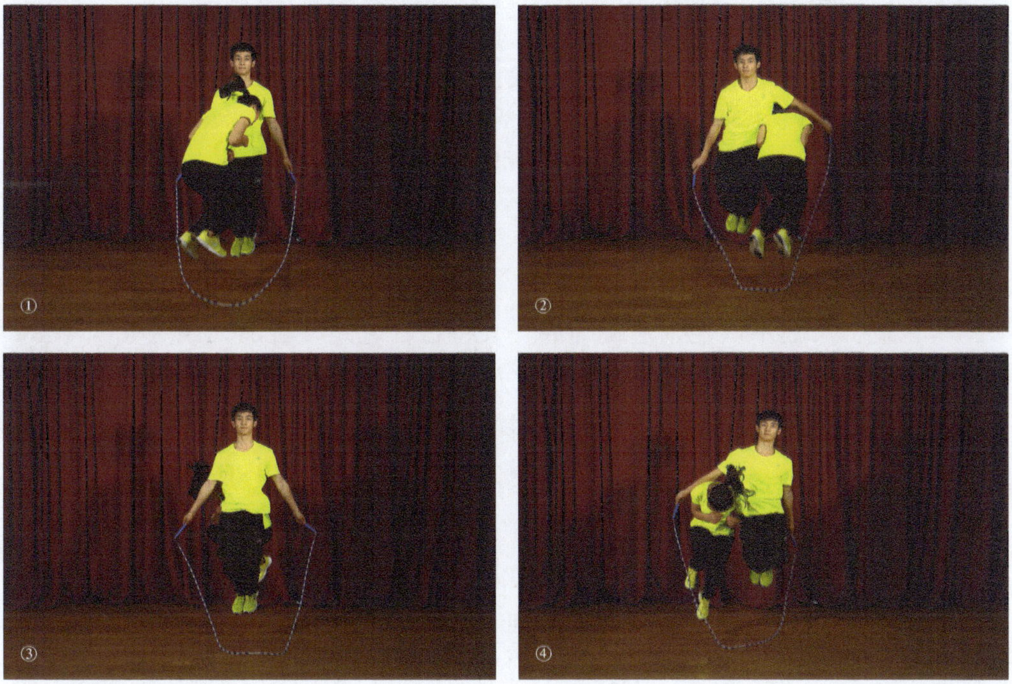

钻洞

五、连锁跳

两人并排站立，相近绳柄交叉相握，将绳子置于身后；两人同时向前摇动绳子，同时跳跃过绳，跳跃一次，绳子过脚一次，重复进行。两人必须节奏一致，交叉的绳子不可打结。

连锁跳

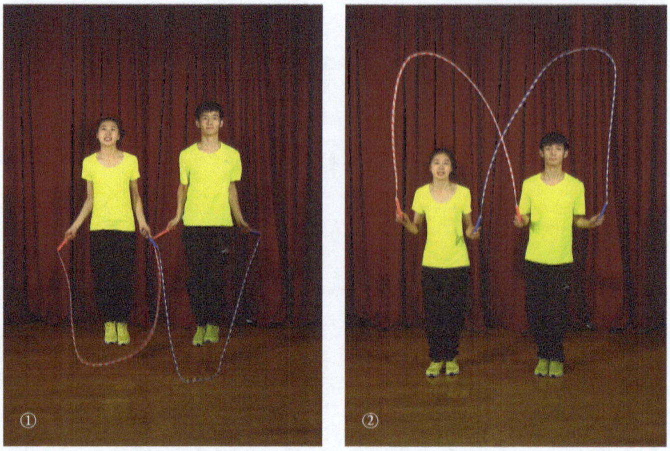

连锁跳

六、车轮跳

车轮跳，又名中国轮，是跳绳的一大特色，它是一种两人或两人以上相互配合轮流进行跳绳的新型跳绳方法。由于是轮流的进行跳绳，从侧面看就像车轮在转动，故称为“车轮跳”。车轮跳花样繁多，易学易练，打破了传统跳绳的单一性，跳起来活泼有趣，极具观赏性，是健身、减肥、塑身人士首选的有氧运动之一。

车轮跳

1. 两人车轮跳辅助练习方法

两手各握一绳，在立圆方向依次向前轮动，两绳始终相隔 180°，一上一下，一前一后，重复练习；或者三人一组，旁边两人各握一绳柄，中间人手握两绳柄，在立圆方向依次向前轮动，两绳始终相隔 180°，一上一下，一前一后，重复练习。

【动作说明】

（1）车轮跳摇绳为车轮跳辅助练习动作，改变初学者两手同时摇绳的习惯，体会两绳依次打地的感觉，领会“车轮”的内涵。

（2）摇绳时一定要保证绳子是交错打地，两根绳子摇动时一根保持最高点，另一根保持在最低点打地，两绳相隔相同时间交错打地。

辅助练习

2. 两人车轮跳练习方法

两人并排站立，相近把柄交叉相握，将绳置于身后；一绳先向前摇动，当摇至最高点时另一声开始向前摇动，两人依次跳跃过绳，两绳始终相差 180°，一上一下，一前一后，看上去像“车轮”在转动。

【动作说明】

（1）首先确定谁先起跳，先跳者与后跳者保持匀速跳跃，每次跳跃相隔相同时间，两绳一上一下，一前一后，相隔相同距离。

（2）两人所摇的同一根绳保持统一节奏。

（3）初学者可先练习双脚跳。

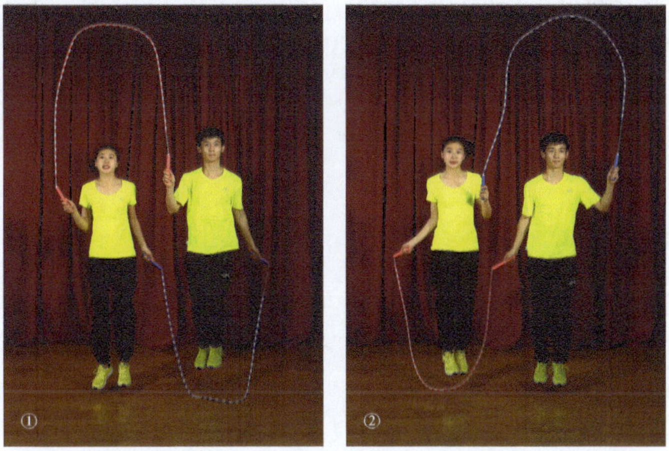

车轮跳

多人跳绳

多人跳绳是指跳绳中所需人数为 3 人及以上的跳绳。动作主要包括跳绳游戏，长绳、网绳及交互绳类的动作。另外，一根或多根短绳与一根或多根长绳的组合，绳中有绳，变化万千，精彩纷呈，是跳绳中最精彩的一部分。

多人跳绳属于集体项目，要求参加者动作协调统一，齐心协力，培养跳绳者之间的相互协作精神，因此多人跳绳动作可以演变为各种各样的跳绳游戏。多人跳绳对于摇绳者的技术要求较高，如果摇绳者技术高，跳绳者会比较轻松。因此，多人跳绳要求摇绳人注意力集中，注意摇绳的速度、节奏，主动配合跳绳者。

一、青蛙过河

将 6 ～ 8 根长绳平行摆放在地上，两绳间隔 40 ～ 50 厘米，模拟“河流”。跳绳者在绳后站成两路纵队，扮演“青蛙”。发令后，跳绳者像青蛙一样双脚同时起跳跨过绳子，落于两根绳子中间，连续跳跃。

青蛙过河

【动作说明】

（1）跳绳者站成一路纵队。

（2）绳子平行摆放于场地内。

（3）跳绳者模仿青蛙，依次跳跃。

（4）间隔距离适当，节奏一致。

青蛙过河

二、眼明脚快

跳绳者分为两大组，两大组间隔 3 ～ 4 米，每大组各站成一排。每大组排头两人合作拉一条长绳，绳的中部要着地。发令后，拉绳的跳绳者拉着绳子经过一排，使绳子从每个人的脚下通过，绳子到哪个跳绳者脚下，哪个跳绳者就双足原地起跳；然后两人将绳举至头顶，原路返回，从另一路纵队跳绳者脚下通过；再将绳子举至头顶，原路返回，最后从两排跳绳者脚下通过，返回后，将绳子传递给下两位跳绳者。如此循环，直到原来的排头持绳至排头位置站好，游戏才算结束。哪队做得快、不犯规、队伍整齐，哪队胜。

眼明脚快

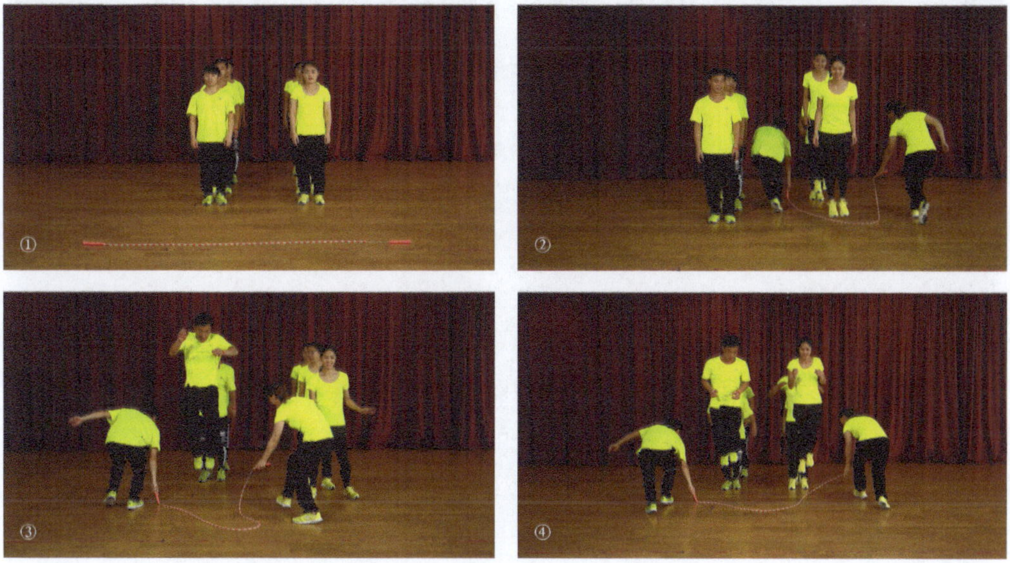

眼明脚快

三、时空旅行

一人持绳，称为“旅行者”；另一人与旅行者平行前后站立。旅行者手握两绳柄，将子绳由后向上向前摇动绳子套过站立者，站立者根据时机跳跃过绳。绳子过脚后，旅行者向左侧跳跃，单独跳绳 1 ~ 2 次，然后向右跳跃套过下一位站立者。站立者过绳后，旅行者向右侧跳跃，单独跳绳 1 ~ 2 次。依次重复以上过程。

时空旅行

时空旅行

四、跳绳接力

跳绳接力需要画出若干跑道，备好跳绳，将跳绳者分成若干组进行。发出“预备”口令后，站在跑道上的跳绳者两脚前后开立，双手持绳置于身后。发出“跑”口令后，跳绳者双手向前摇绳跑（或绕过前面的标志物），直至冲过终点线停止，以成绩排列名次。

跳绳接力

【动作说明】

（1）第一位跳绳者跳绳前进。摇跳一次，跑出一步。

（2）到达对面终点后，换绳、换人。

（3）第二位跳绳者跳绳前进。

（4）依次进行，比拼速度。

跳绳接力

五、时空隧道

多人持绳原地单摇跳（可采取两弹一跳的节奏），称为“时空穿梭机”；另一人称为“时空穿梭者”，从第一个持绳者的一侧跳进绳中，与持绳者共同跳跃一次，再从另一侧跳出，进入第二个人的绳中，以此类推，可重复进行。

时空隧道

【动作说明】

（1）掌握进绳时机：当绳子打地时，“时空穿梭者”进绳；掌握出绳时机：跳跃后保持向前运动趋势，落地点在绳外。

（2）“时空穿梭机”摇绳时上臂展开，主动套过跳绳者，节奏明确，协同配合。

（3）时空旅行的延伸花样很多，如可增加“时空穿梭机”的数量，增加花样，如侧摆绳、交叉、转身等。

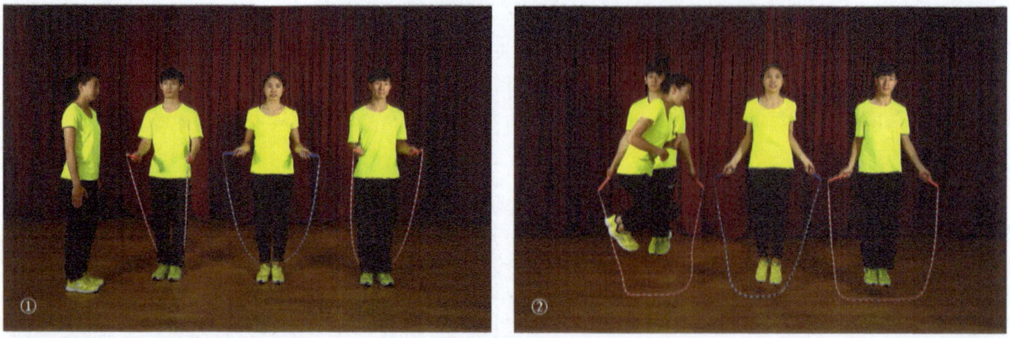

时空隧道

六、猫捉老鼠

两名跳绳者摇一根长绳，另外，两名跳绳者按照单长绳绕“8”字的方法跳绳，跳绳的两人中有一人扮演“老鼠”，先进入绳中；另一人扮演“猫”，当“老鼠”跳出时方可进入。两人一边绕八字跳绳一边追逐，以5圈为限，5圈之内追到，则“猫”胜，否则，“老鼠”胜。跳绳者每两人一组，循环进行。

猫捉老鼠

猫捉老鼠

七、同舟共济

同舟共济使用7米左右的长绳，由两人摇绳，多人原地站成两排。开始摇绳时，先由摇绳人发出信号，当绳快转至脚下时大家一起跳。最好用两弹一跳的方法跳绳，失败者被淘汰，其余的重新开始跳，直至只剩三人时游戏结束，重新开始。摇绳速度开始应慢一些，摇绳幅

同舟共济

度要大，距离摇绳者较近的跳绳者应跳得高些。同舟共济也可以从绳外跳进，可以分批进绳，动作要协调统一。

同舟共济

八、巨浪滚滚

两人在两侧摇动 8 米长绳，中间 4 人互相挽胳膊一起跳跃，一边跳绳一边跑完 30 米的团体跳绳。与此同时需备有 2 名替补。两摇绳人侧对站立，分别用内侧手持绳柄放在跳绳者身后预备，跳绳者们各就各位后，裁判员鸣枪，标志跳绳开始。持绳者手臂经体侧向前摇绳，当绳打地时跳绳者向前跑跳，跳绳者连续摇绳子跑跳至终点线。全组选手中，以跑在最后的一位跳绳者抵达 30 米终点线的时间来计时。过程中，跳绳者跳绳中断时，全部选手要按照指示，退回到跳绳中断的地点，重新起跑。

巨浪滚滚

巨浪滚滚

九、七色彩虹

七色彩虹为长绳、中绳、短绳一齐摇跳。两人摇长绳，另外，两人摇中绳的同时跳长绳。最中间的一人摇跳短绳，同时又跳中绳和长绳，最后再有一人进入短绳中跳跃。

七色彩虹

六人中，两个摇中绳的人的动作最难，所有人应相互配合，刚进绳时以长绳为准；当中绳进入后，以中绳为准；当短绳进入后，以短绳为准，即“大绳跟随小绳”。

进绳时，应统一进绳时机，如喊口令“1、2、3”，当听到“3”时一起进绳跳跃。

初学者也可从静止开始，所有人原地站在中间，一起喊口令起跳。等到大家可以掌握跳跃节奏后，再练习从绳外进入，循序渐进。

七色彩虹

十、乘风破浪

同时摇起 2 根以上的单长绳，所有绳子要排列成一竖排，摇绳动作一致，节奏稍缓。跳绳者在场地中间绳子的一侧站成一竖排，依次跳过所有长绳，最后从绳子的另一侧冲出。有“一路冲杀、披荆斩棘、乘风破浪”的感觉。

乘风破浪

绳子反摇，进绳应是跳入下一根绳。不能犹豫，每根绳跳两次，第三次跳入下一根绳，熟练后可每根绳跳一次。

乘风破浪

十一、天罗地网

两根或两根以上的绳子按照顺序依次交叉，交叉点为绳子中点，所有摇绳者同时摇绳，跳绳者在绳子交叉中心处跳绳，摇绳者可站到两边成两排站立摇绳，也可围成一个圆圈摇绳。

天罗地网

尽量选用材质相同、长度相等的绳子，各绳在中点处交叉，所有摇绳者可统一右手持绳，身体稍摇转，大臂摇动，保证绳子在运动中流畅饱满。

天罗地网

当只有两根长绳时，两绳可交叉成“十字”，摇绳者站于正方形的顶点处，此时除交叉点外，在摇绳者与交叉点的中心处也可加入跳绳者；跳绳者可以持短绳跳跃或做各种步法及体操动作；摇绳者可以做移动、换位等花样。

十二、梅花三弄

三名摇绳者两手各持一绳柄排成一个三边形阵形，并且向里摇绳，跳绳者可从任意一根绳子跳入，沿逆时针或顺时针方向旋转跑动跳跃绳子。

梅花三弄

任一摇绳者喊口令，跳绳者掌握进绳时机，如喊口令“1、2、预备、进”，当跳绳者听到“进”口令时，跳入绳中。摇绳者尽量在身体两侧打开手臂，以免绳子相互打结。跳绳者从摇绳者身后外侧进绳，在绳中连续跳 3 次，第 3 次同时跳出，落地点偏向下一根绳子，即跳出的同时迅速跳进下一根绳中。依次旋转跑动，每次两圈。

梅花三弄

十三、太公钓鱼

跳绳者站在直径 5 米左右的圆线上，圆圈外 2 米远处画一个直径 2 米的圆圈，为“鱼缸”，站在圆心的一个人为“姜太公”，手拿一根短绳。发令后，“姜太公”逆时针方向贴地面转动绳子，当绳子转动某跳绳者脚下时，该跳绳者应及时双脚原地跳跃，让绳子通过。如果碰到绳子，就算被“钓”着，罚下，站到鱼缸里去，游戏继续进行。跳绳者可轮流担任“姜太公”。

太公钓鱼

太公钓鱼

十四、车轮竞速

50米长、3米宽的跑道上，游戏者两人一组，分组比赛。预备时，两名游戏者交叉握绳，放于体后预备，听到“开始”口令后，跳绳者配合车轮跳，跳至终点线，两人每跳一绳的跑步数不能超过两步，摇跳绳一旦失误，在失误处重新摇跳，最快的一组获胜。

车轮竞速

车轮竞速

十五、交互接力

每队三人，男女不限，两人摇绳一人跳绳，摇绳者相距3米，听到发令后两人开始摇动交互绳，一人进绳跳跃，在120秒不间断的时间内，三名跳绳者按照先后顺序轮流摇跳交互绳，以每人40秒接力的形式依次在交互绳中完成尽可能多的双脚轮换跳，计算成功通过右脚脚下的次数。比赛口令为“裁判员准备—运动员准备—预备—跳（或哨音）—10—20—30—换—10—20—30—换—10—20—30—停（或哨音）”。

交互接力

交互接力

力量素质练习

力量素质是体育运动最重要的身体素质之一，是健身者掌握运动技术、发展身体技能的基础。跳绳爱好者的灵活性、协调性、耐力和掌握动作技术的能力等都与力量素质有直接关系。因此，有效地进行力量素质训练对于提高跳绳爱好者锻炼效果有着极为重要的意义。

一、蹲起

蹲起是一种腿部肌肉练习。为了避免运动伤害，在做蹲起时要适当控制练习次数、减慢速度。做蹲起前可将跳绳对折，双手可持对折绳两端，绳子中间放于颈部，力量较强者可以持哑铃辅助练习。蹲起动作分为下蹲和起立两步。

（1）下蹲：两腿弯曲下蹲，眼睛平视前方双手向前伸直，保持绳子绷直。

下蹲过程中躯干始终保持竖直下降，避免出现弯腰或撅屁股的错误动作。下蹲时膝关节的方向要与脚尖方向一致，这样膝关节才符合运动生理学的要求。若膝关节方向与脚尖方向不一致，膝关节容易受到损伤。

（2）起立：两眼一直平视前方，脊柱挺直，使躯干保持着竖直缓缓站立，双手落下。两腿伸直，用腿的力量把身体举起来，避免弯腰撅屁股。这样身体竖直着站起来，腿部肌肉伸展和收缩的范围最大，锻炼效果最好。

蹲起

二、上推

上推动作主要锻炼胸大肌力量，力量较强者可以持哑铃辅助练习，但是一定要选用符合自身力量的哑铃，初学者可以用绳子代替练习。

（1）将哑铃或绳子举起，双臂伸直，稍稍前移至头顶上方。

（2）缓慢而有控制地放低哑铃或绳子，直到离锁骨 2 ~ 5 厘米的位置。

（3）然后向上推举哑铃或绳子，结束于下巴垂直上方。

（4）重复上述动作，重复练习，每组 8 次。

三、弯举

弯举主要锻炼肱二头肌肌群，效果明显，可以用哑铃来做，初学者也可以用绳子代替。

上推

身体直立，手臂伸直自然下垂，手握哑铃或绳子，虎口朝前。两上臂同时以肘关节为轴，经体侧弯起带哑铃或绳子，上臂、前臂用力收紧，稍停 2 ～ 3 秒，然后呼气，持哑铃或绳子缓慢放下还原至体侧，重复练习，每组 8 次。对握弯举时，上臂固定不动，直腕握器械，避免借助上体摆动的惯性力。

弯举

四、侧平举

侧平举主要锻炼止于肱骨的三角肌。通过改变动作的起始位置（手位于身体两侧、臀部后方或大腿前方），可更有效地锻炼三角肌。

侧平举

两脚稍微分开站立，背部挺直，手臂垂直于身体两侧，双手抓握哑铃或绳子。开始时，向侧上方平举哑铃或绳子至双肩水平，肘部微屈。最后返回起始位置，重复练习，每组练习 8 次。

五、俯卧撑

俯卧撑是一种简单易行、十分有效的力量训练手段，主要锻炼的肌肉群有胸大肌和肱三头肌，同时还锻炼三角肌前束、前锯肌和喙肱肌及身体的其他部位。初学者练习俯卧撑可以进行两组，每组 15 ～ 20 次；有一定基础的运动者则可做 3 组，每组 20 次；高水平人士可以尝试 4 组 30 ～ 50 次的俯卧撑。

俯卧撑

要做到俯卧撑完美的起始姿势，身体必须保持肩膀到脚踝成一条直线，双臂应该放在胸部位置，双手间距略宽于肩膀。这样可以确保每个动作都能更有效地锻炼肱三头肌。

做俯卧撑时，应该用 2 ～ 3 秒时间来充分降低身体，最终胸部距离地面应该是 2 ～ 3 厘米距离；然后，要马上用力撑起身体，回到起始位置。

如果不能完成一个完整的俯卧撑，也可以膝盖着地。这是正规的俯卧撑已经无法完成，而又想继续锻炼时可以选择的方法。

六、反向仰卧起坐

反向仰卧起坐，俗称“燕飞”或“小燕飞”，主要作用是增强背部肌肉的热量。锻炼时可以俯卧，双手平放于下颌处，用力挺胸抬头，使头胸离开地面，同时膝关节伸直，两条大腿用力向后离开地面，然后回到原位。

初学者要避免一次做过多反向仰卧起坐，最初进行时可以尝试先做 5 次，以后每次练习加多 1 次，直至达到 15 次左右，这时便可尝试多做一组，直至达到 3 组为止。

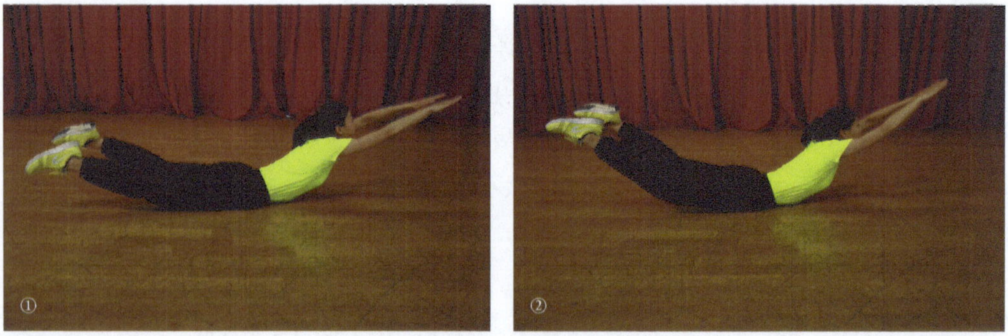

反向仰卧起坐

七、仰卧起坐

仰卧起坐是体能锻炼的一个重要环节，主要作用是增强腹部肌肉的力量。仰卧起坐既可增进腹部肌肉的弹性，又可以达到保护背部和改善体态的效果。

身体仰卧于地面上，脚部平放在地上。平地上切勿把脚部固定（可以由同伴用手按着脚踝），防止大腿和髋部的屈肌起作用，从而降低了腹部肌肉的作用力。根据自身腹肌的力量决定双手安放的位置，因为双手越靠近头部，进行仰卧起坐时越感吃力。初学者可以把手紧贴身体两侧，当适应锻炼或体能改善后，便可以把手交叉贴于胸前。最后，也可以尝试把手交叉放于头部后方，但双手应放在身体相反一侧的肩膀上。

【动作说明】

（1）千万不要把双手的手指交叉放于头后面，以免用力时拉伤颈部的肌肉，而且这样会降低腹部肌肉的作用力。

（2）初学者要避免一次做过多的仰卧起坐，最初进行时可以尝试先做 5 次，以后每次练习加多 1 次，直至达到 15 次左右，这时便可尝试多做一组，直至达到 3 组为止。

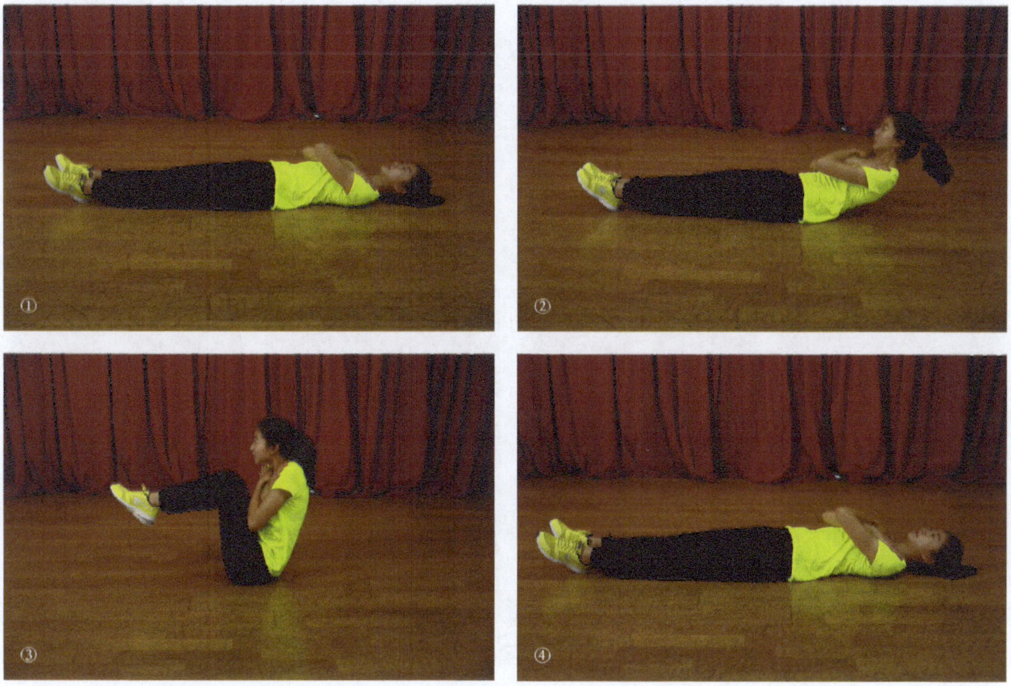

仰卧起坐

整理运动

跳绳后的整理活动经常容易被人忽视。跳绳运动有时强度很大，跳绳之后大汗淋漓，毛孔都处于扩张状态，应防止寒风直吹或不擦干就坐下来休息。夏季为贪一时凉快，站在风口吹风，很容易感冒。跳绳后应积极做拉伸动作，并用双手拍打腿部肌肉，如果有汗应及时擦干，稍事休息后再进行其他活动。

一、头部拉伸

头部拉伸为头部前后拉伸 4 个 8 拍；头部左右拉伸 4 个 8 拍；头部旋转运动 4 个 8 拍。

头部拉伸

二、肩部拉伸

肩部拉伸为肩部胸前拉伸 4 个 8 拍；肩部上举拉伸 4 个 8 拍。

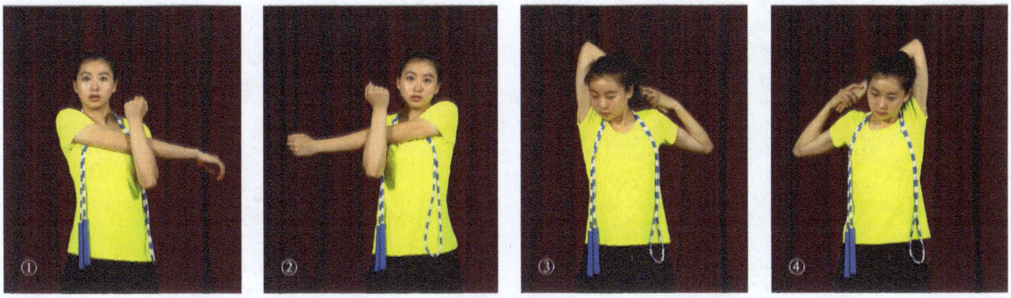

肩部拉伸

三、腹背拉伸

腹背拉伸为前俯后仰 4 个 8 拍；左右拉伸 4 个 8 拍。

腹背拉伸

四、腿部拉伸

腿部拉伸为正压腿 4 个 8 拍；弓步拉伸 4 个 8 拍；跨栏步 4 个 8 拍；股四头肌拉伸 4 个 8 拍。

压腿

五、脚踝拉伸

脚踝拉伸为旋转运动 4 个 8 拍。

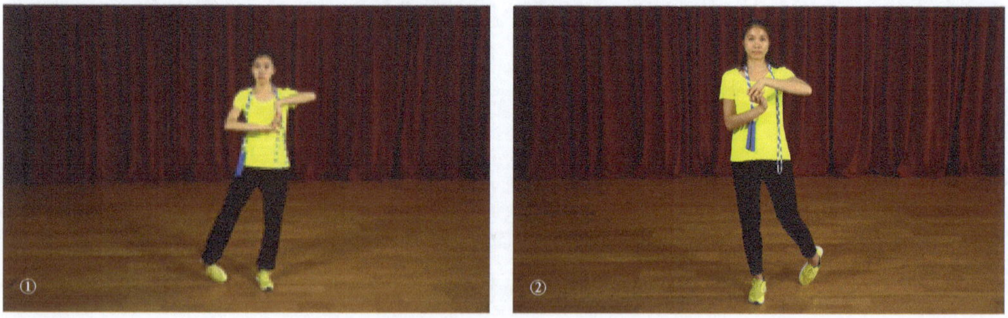

脚踝拉伸

第四章

跳绳后的调整

体能恢复

现代社会物质生活非常丰富，人们越来越关心自身健康。现在影响健康的主要因素是饮食结构的变化和体力活动的缺乏。体育运动可以解决体力活动不足的问题，又富有趣味性，但是高强度的运动非常容易产生运动性疲劳。运动性疲劳指机体的生理过程不能维持其功能在特定水平或不能维持预定的运动强度，经过适当休息和调整可以恢复的生理现象。运动性疲劳长期积累而不能积极消除，就会发展成过度运动性疲劳。

一般体育爱好者在运动中没有科学合理地安排运动量和运动强度，容易产生运动性疲劳，本书为跳绳爱好者介绍了一些常见的疲劳恢复方法，以期健身者在健身活动中能更轻松地享受运动乐趣和发挥自身的水平。

体能恢复是指为消除运动后疲劳所进行的训练。大强度跳绳后，人体由于消耗能量太多而产生疲劳，出现肌肉酸痛、运动能力下降等现象。此时可以采用科学的方法和手段，尽快消除疲劳、缓解肌肉酸痛、增加能量储备、提升运动能力，从而使跳绳运动者尽快完成体能恢复，投入到新的锻炼中。

一、训练学方法

通过适宜的肌肉活动来调节跳绳者的身体疲劳程度，如根据身体状况，合理地调整运动量，科学地组织训练与休息，变换训练环境和训练手段，安排好训练前的准备活动和训练后的整理活动等。

运动前的准备活动可以提高人体中枢神经系统的兴奋度、增强氧气运输系统的活动、提高机体体温等，进而可以延迟疲劳的出现。适度的准备活动还有助于延迟组织器官功能的生理惰性。运动后的整理放松对于疲劳的消除更重要，运动后不宜马上休息，应以慢跑辅助，并对肌肉、韧带进行拉伸，以加快体内代谢，促进乳酸分解，延缓酸痛，使肌肉的血流量增加，从而有助于消除疲劳。

二、心理学方法

通过心理学的方法和手段，如积极的自我暗示、听一些舒缓的音乐等，可以使跳绳者迅速降低神经系统的紧张程度及心理抑制状况，各功能系统得以缓解和放松。

三、医学、生物学方法

通过医学、生物学方法手段，提高机体承受负荷能力，尽快消除全身疲劳和补充能量储备。例如，通过各种按摩使肌肉高度放松，加快血液循环；通过水疗、红外线疗、蜡疗、电疗、磁疗等方法放松肌肉，加快体能恢复。

按摩推拿是消除疲劳的有效方法，通过机械刺激影响中枢神经系统，促进血液和淋巴循环，使肌肉中毛细血管扩张，加强局部血液供应，改善营养供给，增加肌肉的力量和弹性，防止肌肉萎缩，缓解疲劳时的肌肉僵硬、紧缩和酸胀感。跳绳者运动后身体极度疲劳时要先休息 2 ～ 3 小时再进行按摩，按摩的时间以 20 ～ 30 分钟为宜。

四、睡眠

充足的睡眠是消除疲劳最根本和最有效的方法，跳绳者进行高强度训练后必须保证有充足的睡眠时间和良好的睡眠环境。据相关研究表明，当睡眠时间达到 8 小时，人体尿液中的酸碱性趋于平稳，基本恢复至运动前的状态。睡眠时大脑皮质的兴奋性降低，身体代谢处于较低水平，有利于体内能量的蓄积。

五、温水浴

高强度运动后容易产生较多的乳酸堆积，温水浴能够有效缓解疲劳。热水的温热作用可以改善血液循环、扩张血管、促进全身血液循环，加强新陈代谢、加快肌肉中酸性代谢产物的排除，同时还可以使汗腺的分泌增加，放松肌肉。温水浴前需要补充食物，或在饭后进行温水浴，水温以 38 ～ 42℃、时间以 10 ～ 20 分钟为宜。

此外，涡流浴、桑拿浴等各类保健浴，对消除疲劳都有一定的积极作用，但必须掌握科学的入浴方法，以适度为宜。

科学饮食

许多人在大强度的运动后，经常出现肌肉发胀、关节酸痛、精神疲乏的感觉，为了尽快解除疲劳而暴饮暴食，以为这样可以增加营养，满足身体需要。其实，此时食用过量不但不利于缓解疲劳，而且对身体还会产生不良影响。只有合理的膳食，才有助于机体的恢复。

一、根据运动内容进行饮食搭配

运动后的营养能量补充，是弥补运动后疲劳机体流失的维生素、矿物质的最佳途径。经过一定强度的运动后，在饮食方面需补充富有营养和易于消化的食品，并尽量多吃新鲜蔬菜、水果等碱性食物，也可以根据不同性质的运动项目需要进行营养物质的合理搭配，这样有利于不同类型运动后的体能恢复，消除运动疲劳。

进行速度性的项目训练后，应食用含较多易吸收的糖、维生素 B_1、维生素 C、烟酰胺和蛋白质的食物。进行耐力性的项目训练后，要多供给糖以增加糖原储备，同时还要增加蛋白质、维生素 B_2、维生素 C 和铁；进行力量性的项目训练后，需要增加较多的蛋白质和维生素 B_2，为保证神经肌肉的正常功能要补充钾、钠、钙、镁等。在运动后适时地补充相关营养物质，既能提高身体的抗疲劳能力，又能帮助消除运动疲劳。

二、饮食保持人体内酸碱平衡

在正常情况下，人的体液呈弱碱性，人在运动后，感到肌肉、关节酸胀和精神疲乏，其主要原因是体内的糖类、脂肪、蛋白质大量分解，在分解过程中，产生乳酸、磷酸等酸性物质，这些酸性物质进而刺激人体组织器官。此时如果单纯食用富含酸性物质的肉、蛋、鱼等物质，会使体液更加酸性化，不利于疲劳的解除。判断食物的酸碱性，并非根据人们的味觉，也不是根据食物溶于水中的化学性，而是根据食物进入人体后所生成的最终代谢物的酸碱性而定的。酸性的水果一般都为碱性食物而不是酸性食物，鸡、鱼、肉、蛋、糖、米等食物味道虽然不酸但却是酸性食物。所以，人在运动后，应多吃些富含碱性的食物，如水果、蔬菜、豆制品等，以保持人体内酸碱度的基本平衡，尽快消除运动所带来的疲劳。

三、跳绳后不要立即饮用大量的水

许多跳绳者运动后，感到口渴，这是由运动中出汗较多引起的。口渴时，跳绳者立即拿起冷饮一口气喝个痛快，当时感到解渴、舒服，可是这样做对身体是有害的。运动后立即大量喝冷饮，是十分不符合生理卫生的。因运动中全身血液循环加快，所有器官的温度相对比安静时高，此时若大量饮入冷饮，肠胃遇冷会突然收缩，很容易引起腹痛。

跳绳之后，不要急于饮水。应该稍做整理活动，等到脉搏恢复正常、汗擦干之后，方可饮水。水的温度亦不应过高，一般来说，比体温低 5 ~ 10℃最科学，容易被肠道吸收。

中国营养学会在总结西方国家及日本饮食结构经验及教训的基础上，结合我国传统饮食结构模式，确定了我国成人合理的饮食结构指标，具体内容是：要求成人每人每月摄入粮谷类 14 千克、薯类 3 千克、豆类 1 千克、肉类 1.5 千克、鱼类500克、植物油250克、蛋类500克、奶2千克、蔬菜12千克、水果3千克。根据这一指标，要求每人每天需要摄入的总热量为10兆焦耳，方可达到饮食营养健康标准。食物的营养成分各有不同，只有合理搭配才能达到均衡饮食的目的，以满足人体的营养需求，促进身心的健康发展。因此，跳绳者要注重食物的广泛性，尤其是要多食用谷类，以补充能量及蛋白质。

第五章

跳绳突发状况处理

一、跳绳运动常见损伤

1. 胫骨骨膜炎

胫骨骨膜炎是因运动不当而造成的一种局部组织损伤，此症状的发生一般在初学者中，尤其青少年较为常见。在跳绳时，前脚掌落地使小腿肌肉附着点受到反复牵拉，身体重力与地面反作用力的应力集中于胫骨中下 1/3 处内侧缘骨膜处而形成局部骨膜血管扩张、充血、水肿或骨膜下出血，久而久之，骨膜出现血肿、机化、增生等骨膜炎性病变。

胫骨骨膜炎早期无须特殊治疗，用弹力绷带裹扎小腿，改做少用下肢活动的运动项目，减少运动量，注意局部休息，一般 6 周就可康复。经常疼痛或运动后疼痛较重者务必及时送医治疗。

2. 脚踝扭伤

脚踝扭伤之后要分辨伤势的轻重。一般来讲，如果活动脚踝时感到疼痛，但并不剧烈，大多是软组织损伤，可以自己医治。如果自己活动脚踝时有剧痛、不能站立和挪步、疼痛处在骨头上、扭伤时有声响、伤后迅速肿胀等，这些是骨折的表现，应马上到医院诊治。

热敷和冷敷都是物理疗法，作用却截然不同。血遇热而活，遇寒则凝，所以在受伤早期宜冷敷，以减少局部血肿；取坐位或卧位，同时可用枕头、被褥或衣物、背包等把足部垫高，以利静脉回流，从而减轻肿胀和疼痛；立即用冰袋或冷毛巾敷局部，之后可用绷带、三角巾等布料加压包扎踝关节周围。受伤后切忌推拿按摩受伤部位。切忌立即热敷，热敷需在受伤后 24 小时后进行，一般一两周就可康复。症状较严重时最好送入医院治疗。

3. 绳子抽伤

绳子抽伤大多都是由于绳子的长度不合适，跳绳摇绳的方法不正确，或是跳绳时节奏不当、身体不协调等而导致的绊绳或绳子抽中身体引起的抽伤。轻微的抽伤，可隐约看见一条较浅的伤痕，必要时可进行消毒包扎；较重的抽伤须要到医院进行处理，以免留瘢痕。

4. 髌骨劳损

髌骨劳损是指髌骨软骨病和髌骨周缘腱止部的慢性损伤的统称，主要是膝关节（尤其半蹲位姿势）长期负担过度或反复的细微损伤积累而形成，由髌骨遭受一次外力撞击或股四头肌猛烈牵扯所致，早期症状是在大量的运动训练后感到膝关节酸软无力，休息后可多消失。随着损伤程度的加重，膝部酸软与疼痛逐渐增重，尤其半蹲时更加明显。

要预防髌骨劳损的发生，应加强股四头肌的力量，每次训练后做单足半蹲试验，以及时发现、及时治疗；运动后把汗擦干，注意保暖。若发现此类症状，可进行高位静止半蹲，须注意方法得当；也可以采用理疗、针灸、中药外敷或直流电导入等方法进行应急处理。

5. 心率过快

当剧烈运动或体质较弱的人群运动时会产生心率加快的症状。一般情况下，剧烈运动后可能会出现心慌胸闷，从而导致心跳加速。这种状况正常人稍加休息调整即可恢复，有心脏疾病时应立即到医院进行处理，一般也不建议心脏病患者参与剧烈运动。

二、突发状况的原因与预防

1. 练习方法和运动量不当

跳绳者尤其是初学者在跳绳的起跳和落地时，没有控制好身体重心和脚接触地面的部位，在落地时不注意控制好下肢、膝踝、足的协调配合和缓冲速度，使下肢受到较大的反作用力，迫使踝、足屈肌不断强力收缩，局部胫骨负担过重，导致胫骨骨膜过度疲劳。

在体育锻炼中应注意锻炼者的年龄、性别、运动水平和健康状况等特点，合理安排运动量和运动强度，对那些易发生胫骨损伤的动作，要事先做好预防准备。

2. 运动场地过硬且不平整

如果在运动时，训练场地过硬（水泥地、大理石地面等），会使小腿屈伸肌肉反射性收缩加强，紧张性控制能力降低。如果这种状态持续的时间过长，最终将导致胫骨慢性劳损。

在体育运动时，应注意场地对锻炼者身体状况的影响，在水泥地或者较硬的场地，很容易造成锻炼者股四头肌的酸痛和膝关节的损伤，应选择较软的场地进行锻炼，这样在锻炼的过程中有助于落地的缓冲，以减少落地冲力对肌肉和关节的影响，防止受伤；也应要注意鞋子、衣服等装备，以免在锻炼途中影响训练而受伤，特别是损伤踝关节，应选择适合运动的鞋子和宽松有弹性的衣服裤子。

3. 准备活动不充分

跳绳前如果准备活动不足，外界气温又过低，易使小腿部肌肉、韧带黏滞性加大、伸展性降低，从而不同程地度影响小腿部肌肉的收缩速度。此时若小腿在运动中主动或被动收缩，特别是在完成爆发性动作时，可使肌肉与骨骼内的摩擦加大，从而引起骨膜损伤。

准备活动要有针对性，与动作紧密联系，对运动中负担较重和易伤部位，特别是小腿部要有专门性的准备活动，可进行主动或被动的伸展练习，使受力部位得到充分的活动。

4. 医务监督缺乏

锻炼者需定期进行体格检查，禁止带伤病参加运动。伤病初愈者要根据医生和体育专家的意见进行活动，注意自己的主观感觉（疲劳感、下肢和足部酸痛感），特别注意小腿前部胫骨表面和骨板的疼痛反应，当有不良感觉时，须及时调整下肢负荷量，减少运动。

体育锻炼应严格遵守训练原则，采取综合性的预防和保护措施，尽量避免或减少运动中出现的伤害事故。

参考文献

白晋湘 . 民族民间体育 . 北京：高等教育出版社，2010.

国家体育总局社会体育指导中心 . 跳绳竞赛规则 . 北京：高等教育出版社，2011.

江波 . 国外跳绳运动发展动态 . 解放军体育学院学报，2005.

刘景刚 . 民族民间体育 . 大连：大连理工大学出版社，2010.

刘树军 . 花样跳绳 . 北京：高等教育出版社，2013.

全国体育院校教材委员会 . 中国武术教程 . 北京：人民体育出版社，2003.

太田昌秀 . 愉快的跳绳运动 . 廖玉山译 . 台北：大展出版社有限公司，1995.

田麦久 . 运动训练学 . 北京：高等教育出版社，2006.

王守中 . 跳绳 . 北京：人民体育出版社，1980.

张力为，毛志雄 . 运动心理学 . 北京：高等教育出版社，2007.

张欣 . 绳彩飞扬 . 沈阳：白山出版社，2010.

赵振平 . 从小玩跳绳 . 北京：人民教育出版社，1999.

附　录

附录1：跳绳健身方案

初级跳绳健身方案

顺　序		内　容
第一节	热身运动2分钟	慢跑2分钟
第二节	拉伸运动3分钟	拉伸3分钟 包括主要肌肉和关节
第三节	锻炼内容20分钟	跳绳（基本跳）1分钟 慢走2分钟 跳绳（双脚轮换跳）2分钟 慢走3分钟 跳绳（双脚轮换跳）3分钟 慢走3分钟 跳绳（双脚轮换跳）2分钟 慢走3分钟 跳绳（基本跳）1分钟
第四节	整理运动5分钟	包括主要肌肉和关节的拉伸运动 8×2次

中级跳绳健身方案

顺 序	内 容	
第一节	热身运动5分钟	自由跳绳、选择摆绳、双脚跳等基本跳绳动作
第二节	拉伸运动5分钟	拉伸运动，站姿与坐姿 包括主要肌肉和关节
第三节	锻炼内容20分钟	跳绳1分钟：双脚跳 力量1分钟：蹲起8×2次 跳绳1分钟：双脚轮换跳 力量1分钟：俯卧撑8×2次 跳绳2分钟：开合跳、提膝跳 拉伸2分钟：弓步压腿、小腿拉伸 跳绳3分钟：侧摆跳、敬礼跳 力量3分钟：腹肌8×2次 跳绳2分钟：交叉跳 力量2分钟：背肌8×2次 跳绳1分钟：双脚轮换跳 慢走1分钟：慢走
第四节	整理运动5分钟	包括主要肌肉和关节的拉伸运动8×2次

高级跳绳健身方案

顺 序	内 容		时 间
第一节	跳绳热身操	①头部运动；②肩部运动；③腰部运动；④腿部运动；⑤膝部运动；⑥脚踝运动	3～4分钟
第二节	跳绳组合一 16×4个8拍	①侧摆绳（右手）；②侧摆绳（左手）；③侧摆绳（左右）；④基本跳；⑤单脚跳（右脚）；⑥单脚跳（左脚）；⑦双脚轮换跳；⑧开合跳；⑨脚跟跳；⑩剪刀跳；⑪滑雪跳；⑫铃跳；⑬侧摆跳；⑭基本跳；⑮双脚轮换跳；⑯侧摆绳（左右）；收绳测10秒心率	4～5分钟
第三节	身体素质一	①蹲起；②上推；③弯举；④侧平举	4～5分钟
第四节	跳绳组合二 16×4个8拍	①前后打（原地）；②前后打（单并步）；③前后打（双并步）；④双脚跳；⑤单脚跳（右脚）；⑥单脚跳（左脚）；⑦双脚轮换跳；⑧脚跟脚尖跳；⑨提膝跳；⑩交叉跳；⑪提膝侧点地跳；⑫双脚轮换跳；⑬左右侧摆直摇跳；⑭基本跳；⑮脚跟跳；⑯侧摆跳（左右）；收绳测10秒心率	4～5分钟
第五节	身体素质二	①俯卧撑；②反向仰卧起坐；③仰卧起坐	4～5分钟

（续表）

顺 序		内 容	时 间
第六节	跳绳组合三 16×4 个 8 拍	①侧摆绳（左右）；②侧摆绳（两次）；③缠手腕；④双脚跳；⑤单脚跳（右脚）；⑥单脚跳（左脚）；⑦双脚轮换跳；⑧交叉跳；⑨速度跳；⑩双脚轮换跳；⑪双摇跳；⑫双脚轮换跳；⑬快花；⑭双脚轮换跳；⑮快花；⑯侧摆绳（左右）；收绳测 10 秒心率	2 ~ 3 分钟
第七节	整理运动	①肩部拉伸；②腰部拉伸；③腿部拉伸；④脚踝拉伸	4 ~ 5 分钟

附录 2：10 秒心率参考值

年龄 / 心率	50	55	60	65	70	75	80
15	24 ~ 30	24 ~ 30	25 ~ 31	25 ~ 31	25 ~ 31	26 ~ 31	26 ~ 31
20	23 ~ 30	23 ~ 30	24 ~ 30	25 ~ 30	25 ~ 30	25 ~ 30	25 ~ 30
25	23 ~ 29	23 ~ 29	24 ~ 29	24 ~ 29	24 ~ 29	25 ~ 30	25 ~ 30
30	22 ~ 28	23 ~ 28	23 ~ 28	23 ~ 29	24 ~ 29	24 ~ 29	24 ~ 29
35	22 ~ 28	22 ~ 28	23 ~ 28	23 ~ 28	23 ~ 28	24 ~ 28	24 ~ 28
40	21 ~ 27	21 ~ 27	22 ~ 27	22 ~ 27	23 ~ 27	23 ~ 27	23 ~ 28
45	21 ~ 26	21 ~ 26	21 ~ 26	21 ~ 26	22 ~ 26	23 ~ 27	23 ~ 27
50	20 ~ 25	21 ~ 25	21 ~ 26	21 ~ 26	22 ~ 26	22 ~ 26	22 ~ 26
55	20 ~ 25	20 ~ 25	20 ~ 25	21 ~ 25	21 ~ 25	21 ~ 25	22 ~ 25
60	19 ~ 24	20 ~ 24	20 ~ 24	20 ~ 24	21 ~ 24	21 ~ 25	21 ~ 25
65	19 ~ 23	19 ~ 23	19 ~ 23	20 ~ 24	20 ~ 24	20 ~ 24	21 ~ 24
70	18 ~ 23	19 ~ 23	19 ~ 23	19 ~ 23	20 ~ 23	20 ~ 23	20 ~ 23
75	18 ~ 22	18 ~ 22	18 ~ 22	19 ~ 22	19 ~ 22	19 ~ 22	20 ~ 23
80	17 ~ 21	18 ~ 21	18 ~ 21	18 ~ 21	19 ~ 22	19 ~ 22	19 ~ 22